鄂北地区水资源配置工程
文物保护工作报告

湖北省文物局 编著

张 君 袁青竹 主编

胡长春 宋贵华 副主编

科 学 出 版 社

北 京

内 容 简 介

鄂北地区水资源配置工程是为从根本上解决鄂北地区干旱缺水问题的重大战略民生工程。为配合鄂北地区水资源配置工程实施，湖北省文物局与鄂北地区水资源配置工程建设管理部门紧密配合，依法、依规组织开展与实施工程区域内的文物保护工作。本书是湖北省文物局为配合这一工程进行的文物保护工作总结，详细记录了考古发掘工作的准备及经过并对发掘的 30 余处遗址进行了总结，同时对发掘成果进行了评估。为读者了解鄂北地区各个时期遗址的基本情况和文化面貌提供了基本的材料。

本书可供从事考古、历史、文物研究和文物行政管理工作的工作人员及高等院校相关专业师生参考阅读。

图书在版编目（CIP）数据

鄂北地区水资源配置工程文物保护工作报告 / 湖北省文物局编著；张君，袁青竹主编. — 北京：科学出版社，2023.10
ISBN 978-7-03-076614-4

Ⅰ.①鄂… Ⅱ.①湖… ②张… ③袁… Ⅲ.①文物保护 – 文物工作 – 研究报告 – 湖北 Ⅳ.①K872.63

中国国家版本馆CIP数据核字（2023）第193139号

责任编辑：王光明　蔡鸿博／责任校对：邹慧卿
责任印制：肖　兴／书籍设计：北京美光设计制版有限公司

科 学 出 版 社 出版
北京东黄城根北街16号
邮政编码：100717
http://www.sciencep.com

河北鑫玉鸿程印刷有限公司 印刷
科学出版社发行　各地新华书店经销

*

2023年10月第　一　版　开本：889×1194　1/16
2023年10月第一次印刷　印张：11 1/4
字数：324 000

定价：308.00元
（如有印装质量问题，我社负责调换）

目　录

插图目录

第一章

工程概况

鄂北地区指襄阳、随州、孝感三市北部地区，是湖北省人口、耕地相对集中的区域，是保障粮食安全的重点区域，也是著名的"旱包子"区域。

湖北省委、省政府高度重视鄂北地区水资源短缺问题。2011年10月，省政府印发的《湖北省水利发展"十二五"规划纲要》（鄂政发〔2011〕64号）提出"开展湖北省水资源配置规划工作"，为解决鄂北地区"旱包子"问题，"积极开展唐东地区水源工程研究与建设，实现我省水资源优化配置"。为保障该地区城乡供水安全和粮食安全，促进湖北区域经济均衡发展、协调发展、可持续发展，湖北省委、省政府提出"要着眼长远，加强规划研究，通过工程措施，从根本上解决鄂北地区干旱问题"，研究决定实施鄂北地区水资源配置工程。

2012年7月，湖北省委、省政府启动鄂北水资源配置工程，并将其列为湖北省水利"一号工程"，规划利用丹江口水库湖北用水份额润泽鄂北地区。8月，组织编制了《鄂北地区水资源配置工程规划》，提出在不影响南水北调中线一期工程调水规模的前提下，通过调剂汉江中下游河道外用水量，适当增加向鄂北地区供水量，统筹考虑唐西地区及鄂北地区水资源配置，以有效解决鄂北地区较长时期内缺水的问题。

2013年8月，水利部、湖北省政府联合批复《鄂北地区水资源配置工程规划》（水规计〔2013〕349号），主要意见为：实施鄂北地区水资源配置工程是支持鄂北地区经济社会可持续发展的重大水资源战略举措，建设该工程是必要的；基本同意工程建设任务和供水范围、受水区水资源配置方案及初拟的总体布局方案，以及环境影响总体评价结论。

2014年9月，鄂北地区水资源配置工程被列入国务院《全国抗旱规划实施方案（2014—2016年）》，成为国家重点推进、优先实施的172项全局性、战略性节水供水重大水利工程之一；11月，工程项目建议书获国家发改委批复。

2015年7月，鄂北地区水资源配置工程可行性研究报告获国家发改委批复；10月，工程全面开工建设，是2015年全国开工的27项重大水利建设项目中投资额度最大的重点工程、"2015年度全国有影响力十大水利工程"、湖北省的"一号工程"。

鄂北地区水资源配置工程以丹江口水库为水源，以丹江口水库清泉沟隧洞为起点，自西北向东南延伸，横穿鄂北岗地，止于孝感市大悟县王家冲水库，输水线路总长269.67千米，惠及襄阳市襄州区、枣阳市，随州市曾都区、随县、广水市，孝感市大悟县等6县（市、区）。工程由取水建筑物、输水明渠、暗涵、隧洞、倒虹吸、渡槽、节制闸、分水闸、检修闸、退水闸、排洪建筑物及王家冲水库扩建工程等组成，全线自流引水，年均引水7.7亿立方米，利用受水区36座水库进行联合调度，设24处分水口，涉及供水人口482万人，灌溉面积363.5万亩[①]，总投资180.57亿元。作为湖北省自主建设的投资规模最大、覆盖面积最广、受惠人口最多的工程，工程建成运行后，将使鄂北人民的百年盼水梦成为现实，优化湖北水资源优化配置格局，从根本上解决鄂北地区干旱缺水问题，改善区域生态环境，为"建成支

---

① 1亩≈666.7平方米。

点、走在前列"、率先在中部地区全面建成小康社会，提供强有力的保障支撑。

为配合该工程实施，湖北省文物局依据《中华人民共和国文物保护法》《中华人民共和国文物保护法实施条例》《湖北省实施〈中华人民共和国文物保护法〉办法》等法律、法规的有关规定，与鄂北地区水资源配置工程建设管理部门紧密配合，坚持相互合作、相互发展的理念，依法、依规组织开展与实施工程区域内的文物保护工作。

第二章

文物保护工作概述

一、前期调查与审批

2014年7月，为加强对鄂北地区水资源配置工程的组织领导和推进落实，湖北省委、省政府成立了"鄂北地区水资源配置工程指挥部"，湖北省文物局为指挥部成员单位，湖北省文物局局长黎朝斌为指挥部成员。8月，鄂北地区水资源配置工程指挥部制定了详细的前期工作责任分工方案，文物保护作为工程前期工作内容之一，由湖北省文物局负责。

湖北省文物局高度重视鄂北水资源配置工程文物保护工作。2014年8月，成立鄂北地区水资源配置工程文物保护工作专班，省文物局局长黎朝斌任工作专班组长，省文物局副局长王风竹任副组长，省文物局文物处、省文物考古研究所有关人员为组员，工作专班日常工作由省文物局文物处负责。

在湖北省文物局的积极协调下，2014年8月，湖北省文物考古研究所与湖北省水利水电规划勘测设计院初步达成了文物调查委托协议。文物调查工作由湖北省文物局组织，省文物考古研究所实施，工程沿线老河口市、襄州区、枣阳市、随县、曾都区、广水市和大悟县7个县（市、区）文物部门予以配合。根据省水利水电规划勘测设计院提供的《湖北省鄂北地区水资源配置工程可行性研究报告》及相关图纸，湖北省文物局于2014年8～9月组织开展了野外实地调查，完成近300千米的调查工作任务。经调查，工程共涉及地下文物点40处，其中老河口市12处、襄州区9处、枣阳市7处、随县6处、曾都区2处、广水市4处。其中3处为县级文物保护单位，其余为一般不可移动文物。在此基础上，湖北省文物考古研究所制定了工程沿线文物保护方案，坚持贯彻"保证重点、分等分级、针对不同情况、采取不同措施"的原则，用调查、勘探和发掘的方法对各文物点实施分级保护，并期待借此解决一些遗址中存在的年代不清、文化性质模糊的问题。

2015年2月，湖北省文物局批复同意鄂北地区水资源配置工程建设与管理局（筹）提出的项目选址和《鄂北地区水资源配置工程文物影响评估报告》，同时提出"目前的文物影响评估，仅建立在地表调查的基础上，下一步，还需开展必要的考古勘探，以进一步确认地下文物的分布情况和保存状况，为文物保护方案编制提供科学依据。考古调查、勘探确认的文物点，在项目施工前，应先做好抢救保护工作。在文物保护工作没有完成之前，工程涉及文物的地段，不得施工"的工作意见。

2016年3月，湖北省文物考古研究所完成工程沿线文物点现场复查，在枣阳市和随县新发现4处地下文物点，从而确定工程全线地下文物点总数为44处。

二、文物保护工作的实施与管理

（一）签订合同

2016年3月，湖北省文物局与鄂北地区水资源配置工程建设与管理局（筹）正式签订文物保护合同，开始部署、实施考古勘探和发掘工作。

（二）文物保护工作方案的制定

2016年5月，湖北省文物局制定了《鄂北地区水资源配置工程文物保护工作方案》，对工程涉及文物点、文物保护工作队伍组织、进度控制、质量控制、项目业务管理、项目经费管理、宣传及出版工作、组织实施等进行了具体说明与规定。

（三）组建工作队伍

鉴于鄂北水资源配置工程的重要性，为认真贯彻"保护为主、抢救第一、合理利用、加强管理"的文物工作方针，以及"既有利于文物保护，又有利于基本建设"的重要实施方向，湖北省文物局高度重视该工程的文物保护工作。2016年5～6月，通过单位申请、集体研究、专家咨询和局长办公会讨论等程序，根据文物点地理位置、保存状况、文化内涵、学术价值影响力及发掘面积，综合考虑各文博单位技术力量、人员配置、研究水平等因素，湖北省文物局确定了省内外18家拥有资质的单位具体承担47处文物保护项目的勘探和发掘工作（附表一），同时确定了文物保护项目的监理单位、协调单位、协作单位。

（四）管理、监督与宣传

鄂北地区水资源配置工程文物保护任务重、时间紧，工作条件艰苦，参与的单位和人员众多，这些都给文物保护工作带来了巨大的挑战。为保质保量按时完成任务，湖北省文物局和鄂北水资源建设与管理局（筹）制定了若干政策和制度，进一步细化任务、加强监督、完善保障，主要体现在以下几个方面。

1. 各项目承担单位的自身建设与管理

（1）人员安全保障

为保障考古工地上考古队员与民工的人身安全，创造一切有利条件做好高温天气下的防暑工作：合理安排作息时间，尽量避开高温时间作业；发放各种防暑药物，如人丹、藿香正气水等；在发掘区附近搭建可供休息、避暑的遮阳篷。同时，与所有参加发掘的民工签订劳动用工合同，强调人身安全和文物安全。

（2）工地安全保障

为保障考古发掘工作顺利有序开展，各项目承担单位制定了各类工作管理规范与制度，如《作息时间表》《生活纪律》《田野发掘方案》《工地安全管理制度》《突发事件应急处理方案》《库房管理制度》等，并张贴上墙，严格执行。

为防止农耕活动和其他人员的误入和干扰，各项目承担单位均严格按照省文物局的要求，借鉴工程部门工地建设和管理经验，在发掘区范围周边划定工作专用区域，用钢材或竹木竿、铁丝网、彩旗条等进行标定和围护，竖立警示牌、警示标语予以明确，并悬挂宣传工程项目和考古工作的横幅等。同时，为防止文物被盗抢、盗掘，各项目承担单位普遍加强了对工地的夜间巡逻和安保工作，购置帐篷和照明设施，安排专职值班人员，对擅入发掘区、随意扰动发掘现场的行为，加以制止和劝离。鲁城河墓群考古队还专门购置盾牌和安保专用服装加强工地安保工作（图一），在驻地设立专门的文物库房，并指定专人负责管理。

此外，为树立考古工作队伍的良好行业形象与精神风貌，各考古队均购置统一的工作服，制作专用工作证。这些措施都有力地保证了考古发掘工作的正常运行。

（3）工地设备、物资保障

为确保考古发掘的技术水平和质量，除常规办公设备外，各项目承担单位普遍购置了数

图一 鲁城河墓群工地安保人员执勤

码摄像机、笔记本电脑、激光测距仪、GPS、放大镜、打印机、三脚架、单反相机、数码摄像机等专用办公、测量、摄像、摄影、制图、印刷等设备（图二～图四），做到多方位、全面系统、准确、科学地提取、记录、保存各种一手资料。不少工地还根据实际情况采购了必要的文物提取、包装、安保等材料，如档案柜、保险柜、发掘使用的手铲、铁锹、镐头、手推车、文物专用包装箱（盒）、塑料封口袋、硅胶、海绵、塑料薄膜、托板、蒸馏水、酒精等，加强了工地作业、文物保护、保管的科学性、有效性和安全性。

（4）宣传措施

各项目承担单位在做好发掘业务工作的同时，牢记社会责任和使命，注重对田野考古成果的合理利用。他们创造一切条件，尽可能地向公众普及考古知识，让公众了解考古工作成果，了解古代文化和文明，使考古成果人人共享。

一是向村民宣传考古知识，扩大公众考古群众基础。各项目承担单位普遍制作标语、横幅、宣传牌等，内容有《鄂北地区水资源配置工程概况》《鄂北地区水资源配置工程文物保护项目简介》等，悬挂在发掘区入口醒目位置，加强对发掘工地现场周边群众的宣传。在发掘过程中，也注重以多种形式向村民普及田野考古的相关知识，如田野考古工作规程、地层划分、时代判断、文物价值等，让他们对考古有一个比较系统、科学的认识，从而理解与支持考古工作。在老河口市墓子地遗址，考古队还设置了长期展览的主题照片墙，以照片的形式，集中展现考古工作的丰硕成果和考古队员的蓬勃风貌；同时，制作了16集的系列短片，

图二 小王堰遗址工地配置的发掘和摄影工具

图三 小王堰遗址工地配置的四旋翼无人机

图四 小王堰遗址工地配置的单反相机和镜头

系统而生动地介绍了考古工作。在枣阳李沟遗址，考古队与当地教育部门合作，将中小学生带到工地现场，进行生动活泼的文物与文化教育活动，扩大和丰富了孩子们的知识面，激发和培养了孩子们的学习热情和爱国情怀。

二是利用媒体，增强考古工作感染力。在当地报刊、相关网站、微信等平台上，及时发布考古工地工作动态、工作成果、生活趣事，让广大群众及时了解考古队的勘探、发掘与整理情况。四川大学考古队撰写的《文物保护在行动——鄂北地区水资源配置工程考古工作纪实之一："教授领衔、务实精干、潜心钻研"的川大考古队》，在湖北省文物局官网上发布，并被鄂北地区水资源配置工程建设与管理局（筹）官网转载。十堰市博物馆对吴家桥西墓地考古工地的工作、生活情况进行了全程摄制，编辑成纪录片——《田野上的考古梦》，在十堰市文体局的"道德讲堂"上公开放映。

2. 监理部门的监理工作

2016年6月，湖北省文物局与湖北荆楚文物保护工程监理有限公司签订《鄂北地区水资源配置工程文物保护项目监理协议书》，委托湖北荆楚文物保护工程监理有限公司负责鄂北地区水资源配置工程全线文物保护项目的监理工作。

6月中旬开始，湖北荆楚文物保护工程监理有限公司组织武汉大学、湖北省文物考古研究所、湖北省文物交流信息中心等湖北省内高校、文博单位的专家，到各个工地开展监理工作

（图五、图六）。在勘探和发掘阶段，该公司分别在各项目的开工阶段、中期阶段、完工阶段进行三次专项监理，监理内容包括专业队伍组织是否合规、文物勘探发掘选点是否准确、勘探和发掘面积是否准确、发掘技术和手段是否合规、发掘质量是否可靠可控、发掘资料记录是否完备、文物安保措施是否妥当，等等。在监理过程中，专家组对各项目工作中存在的问题不隐瞒、不马虎、不留情面，尽职尽责予以指出，并要求限期改正。监理工作的高效运行为工程全线文物保护项目保质保量完成起到了重要作用。

3. 项目所在地文物行政管理部门的协调、协作

项目所在地的市、县（市、区）级文物行政管理部门也积极行动，动员市、县（市、区）、乡镇、村等各级机构和人员，制定工作规划和实施方案，组织工作队伍，细化工作措施，层层落实工作任务，切实保障了考古发掘工作的顺利进行。

图五　监理单位在吴家桥西墓地工地开展监理工作

图六　监理单位在九姓庄墓群工地开展监理工作

图七　湖北省文物局和鄂北地区水资源配置工程建设与管理局（筹）联合检查余沟墓群工作

协调单位、协作单位的高效工作为田野考古发掘工作提供了很多便利条件，解决了工作过程出现的各方面障碍和困难（如民工问题、青苗谈判问题、回填问题等），确保了在考古工作顺利进行。他们的工作为考古发掘工作任务的顺利完成做出重要贡献。

4. 主管单位的督查工作

一是提升文物保护科技水平。田野考古工作的广泛性和普适性，使得未来的考古工作更加注重技术性和尺度化的考量，在细节、关键处进行细化，加强了有关聚落形态考古的技术内容，并强调"建立电子数据库"，以期在记录遗存、编辑资料时严格化、标准化。顺应这一趋势，2015年，湖北省文物局主持建设了"考古工地数字化管理平台"。在鄂北地区水资源配置工程文物保护项目中，湖北省文物局要求各项目承担单位充分利用该平台提升文物保护科技水平。

二是组织专家检查、指导。自2016年6月中下旬起，湖北省文物局多次组织来自省内高校、文博单位的专家对工程全线各点的勘探和发掘工作进行检查、指导（图七）。专家组采取听取汇报、现场察看、召开座谈会等形式，了解情况，指出工作中存在的问题，并积极出谋划策，指导考古队有步骤、有计划、有效地开展发掘工作。

5. 验收工作

验收主要是对田野发掘任务的完成情况进行综合检查、评价和考评，判断项目的完成是否符合有关规定。验收考评的项目主要有工作方案、技术路线、发掘技术、管理水平、发掘资料记录和管理以及文物保护措施等六大项二十多个子项。

验收由湖北省文物局组织的专家组（3～5人）具体负责，专家组成员来自武汉大学、湖北省文物考古研究所等高校和文博单位（图八、图九）。各项目承担单位在结束田野发掘工作后，向湖北省文物局提交验收申请，省文物局及时派遣专家组进入发掘现场，专家组成员通过听汇报、看现场、查图纸、阅记录等形式，高标准、严要求地履行验收职责，发现问题立即要求整改。专家组的出色工作有效地保证了田野考古工作各项内容高质量地完成。

三、考古勘探

2016年6月3日，湖北省文物局在武汉组织召开"鄂北地区水资源配置工程文物保护工作会"（图一〇），湖北省文物局领导及有关处室、各项目承担单位、监理单位、协调单位、协作单位、勘探报告和工作报告完成单位的负责人出席。会上，湖北省文物局强调了项目的

图八　专家组在大汪家湾墓地进行验收工作

图九　专家组在小孙庄遗址进行验收工作

图一〇 鄂北地区水资源配置工程文物保护工作会

重要性、介绍了实施的目的与方法、要求各单位在7月中旬前完成勘探工作并提交勘探报告、9月30日前完成考古发掘工作。会议结束后，各项目承担单位迅速行动，组织精干的技术力量，开始各项工作。

（一）工作队伍

此次工程区域范围内的47处文物点（其中3处为2016年7月中旬勘探过程中新发现文物点）考古勘探及发掘任务由7所高校和11家湖北省内文博机构承担。7所高校为中国人民大学、南京大学、武汉大学、四川大学、厦门大学、郑州大学、北京联合大学，主要承担面积较大、保护等级较高、保存状况较好、学术价值较高的文物点的考古任务；11家文博机构为湖北省文物考古研究所、武汉市文物考古研究所、荆州博物馆、襄阳市文物考古研究所、孝感市博物馆、随州市博物馆、十堰市博物馆、宜昌博物馆、咸宁市博物馆、黄石市博物馆、恩施州博物馆（恩施土家族苗族自治州博物馆）。

各项目承担单位的队伍一般由11～20名人员组成，包括项目负责人1名、勘探技术人员2～10名、资料及报告整理人员2～4名、测绘人员3～5名、摄像人员2～4名、后勤管理人员1～3名等，结构合理；职称构成为高级职称人员1或2名、中级职称人员3～8名、初级及技术人员7～10名（附表二），技术力量雄厚。

（二）前期准备

主要包括队伍、仪器设备、资料的准备及文物点现场确认与初步勘查、文物点现场地图测绘等，各项目承担单位均在一周内完成。

2016年6月初，各项目承担单位陆续开始组建项目部和考古工作队，采购设备仪器，设计制作工地的标识、标牌和标语，并充分收集和研究文物点所在地的历史地图、地方史志、民间传说、文物标本、历年考古调查和发掘以及相关研究成果等资料，以充分了解该地的自然环境、历史沿革、文化遗存分布、特征与演变等。

随后，在各级文物行政管理部门和有关单位的配合下，进驻文物点现场，落实食宿和办公用房，并进行实地踏查，确认工程水渠渠道位置和走向，以及文物点的位置和分布范围等，保证勘探工作区域位于工程线路上或者影响区域。在此基础上，各项目承担单位以文物点为中心，进行了详细的考古调查，厦门大学、北京联合大学、武汉大学等单位还进行了拉网式地面踏查，采集文物，走访当地村民。

根据国家文物局和湖北省文物局有关规定和要求，各文物点必须测绘规范准确的遗址地图。各项目承担单位在利用全站仪确定文物点GPS坐标基点的基础上，进行了大比例尺地形图测绘和无人机现场航拍遗址影像。

（三）具体实施

按照国家文物局《田野考古工作规程》有关要求，各项目承担单位制定了标准化的勘探工作流程：范围确定、抽样打孔、制定方案、布孔探查、收孔标注、卡边定型、遗迹认定、测绘记录、报告编制等。

同时，在对勘探区域进行整体规划时，因地制宜、灵活处理。所谓因地制宜就是根据遗址区遗迹、遗物、断面文化层等保存状况，采取普探和重探相结合、全面勘探和分区勘探相结合的办法进行。普探的探孔间距在5～30米，重探的探孔间距在1～5米。如果在普探中发现了重要的文化层、遗迹或者遗物，则进行重探，以进一步廓清文化层或遗迹的范围、布局、规模、结构、年代（开口遗迹或层位和叠压遗迹或层位）等信息。墓葬类的遗迹主要是用这种方法发现的。

分区勘探通常考虑到工作区域内遗存分布的不均匀而进行，如广水市大汪家湾墓地就在岗地的南、北两侧布设20米×40米勘探方1个（南区KT01）、20米×50米勘探方1个（南区KT02）、北区布设30米×40米的勘探方2个（北区KT01、KT02）开展勘探，襄州区余沟墓群则被划分为12个勘探方进行勘探。

以上两种方法的结合使用有效地提高了工作效率、降低了工作成本。

各项目承担单位进场勘探的时间不一，最早的是四川大学，6月6日进入老河口市纪洪北岗墓群工地开始勘探，6月24日结束，耗时19天，完成勘探面积4万平方米；最晚的是恩施州博物馆和襄阳市文物考古研究所，7月13日分别进入广水市大汪家湾墓地和襄州区宋湾遗址进行勘探（这两处项目发现较晚），8月初结束；其余单位大多在6月中旬开始，7月中旬完成。据统计，大部分勘探工作时长为14～20天，少数在10天以下、20天以上，其中，时间最短的为4天（湖北省文物考古研究所负责的随县万福店镇黄土湾墓群），最长的为31天（襄阳市文物考古研究所负责的随县万福店镇戴家河沟墓群、李家湾墓群和随县唐县镇卧云寨墓群、竹园墓群）。完成时间差异与勘探面积和密度、探孔多少和深浅、勘探难易程度（土、石、砖等差异）、发现遗迹的多少、勘探技工人数以及天气等因素密切相关。

勘探过程中，除使用传统的探铲进行手工勘探以外，部分单位还运用了先进设备和技术提高探查效率。厦门大学勘探时，使用了意大利进口的IDS-RIS探地雷达（Ground Penetrating Radar，GPR）技术进行探测（图一一、图一二），该设备轻质便携、便于操作（单人操

图一一 杨岗墓地使用探地雷达勘探

图一二 车屋程家墓地使用探地雷达勘探

作）、发射速率（400kHz）和扫描速度（850扫/秒）高、分辨率和灵敏度高、探测精度高，而且可进行无损探测。

各文物点勘探深度不尽相同，范围在0.15～7米（附表三），平均深度在1.1～1.2米，最浅的是随县万福店镇的狮子湾遗址和黄土湾、戴家河沟墓群等3处，最深的是老河口孟楼镇上河遗址。

（四）资料记录

按照有关要求，各项目承担单位采用摄影、摄像、图表、文字等形式详细、准确、客观地记录了勘探成果，主要内容如下。

1. 摄影摄像记录

采用无人机和传统的数码相机、摄像机进行摄制。包括遗址的地理景观，遗址内调查发现的遗迹、遗物、文化层断面，设备、布孔、探孔、探孔内探出物的断面和柱形连接体、项目安全防护与宣传、各类工作照等。

2. 图纸记录

采用全站仪、无人机、传统测绘工具、CAD等测量和绘制遗址勘探区域与水资源配置工程位置关系图、大比例尺遗址地形图（1∶500～1∶2000）、勘探区域划分及布孔图、勘探发现的遗迹图等。另有遗址所在地附近的行政图、各类工作流程示意图等。

3. 表格记录

主要有探孔记录表、勘探发现的遗迹登记表、勘探队伍人员组成和工作分工表等。

4. 文字记录

包括项目负责人执笔的"勘探总记录"、各探区或探孔负责人执笔的"勘探日记"以及最后由项目负责人和主要业务人员执笔并定稿的"勘探报告"。

（五）资料审查

为确保资料记录客观、规范、准确，湖北省文物局组织召开了专家审查会，对各项目承担单位的资料进行了严格审查，并提出修改完善意见。经专家把关，各项目承担单位的资料均达到了要求。这些资料不仅为鄂北水资源配置工程建设部门和省级文物行政管理部门审查、核实各文物项目的工作范围、工作任务、工作进度和工作质量提供了真实客观的依据，也为进一步了解和认识鄂北地区文物资源情况提供了翔实的基础性资料，更为进一步深入研究鄂北地区古代文化与历史的特征和演变、丰富湖北省文化软实力提供了极为珍贵的材料。

（六）完成勘探报告

2016年7月15日，各项目承担单位基本完成了考古勘探工作，并提交了勘探工作分报告。为了进一步提高勘探分报告的质量和部署下一步工作，7月19～20日，湖北省文物局在襄阳组织召开"鄂北地区水资源配置工程考古勘探报告专家审查会"（图一三），省文物局、襄阳市各级文物管理部门、监理单位、协调单位、协作单位负责人出席会议。会上，四川大学、中国人民大学、武汉大学、湖北省文物考古研究所、襄阳市文物考古研究所等五家项目承担单位分别汇报了各自负责项目的勘探分报告。来自武汉大学、湖北省文物考古研究所等单位的专家对各单位提交的勘探分报告进行了审查，并提出修改意见和建议。会后，各项目承担单位按照专家意见对勘探分报告进行了修改完善，并于8月5日提交。

8月29日，湖北省文物局与鄂北地区水资源配置工程建设与管理局（筹）联合组织召开勘探总报告专家审查会。与会专家对本次勘探工作给予了充分肯定，一致认为，本次勘探工作组织严谨、管理规范有序、队伍精干、技术力量雄厚，通过勘探发现并确认了47处具有不同价值的文物点，获取了非常珍贵的一手考古资料，使我们对鄂北地区从石器时代到明清时期的考古学文化有了初步认识，建议湖北省文物局和鄂北地区水资源配置工程建设与管理局（筹）迅速开始组织、实施各文物保护项目的考古发掘工作。

图一三　鄂北地区水资源配置工程考古勘探报告专家审查会

四、考古发掘

（一）工作任务与时间安排

根据湖北省文物局与鄂北地区水资源配置工程建设与管理局（筹）签署的包干协议，工程计划发掘文物点44处（因后来在考古勘探工作中，新发现3处文物点，从而实际达47处，见附表一），计划发掘总面积13380平方米，其中前期安排发掘面积12670平方米。同时，考虑到考古发掘的不可确定性，预留了710平方米的机动面积，以确保重大考古发现得到及时发掘和保护。

根据勘探实际情况，四川大学等9家项目承担单位向湖北省文物局申请调整发掘地点和面积，共涉及文物点24处，其中不予发掘5处、并项发掘13处、核减面积1处、增加面积6处（其中1处同时也为并项发掘）。

湖北省文物局及时组织召开专家咨询会，最后按照"重点保护、重点发掘"的原则，确定了调项的基本原则：工作总量不变，即发掘面积13380平方米；工作总经费不变；在工程正线范围内新发现的文物点要予以重点发掘；优先在项目承担单位内部进行并项调整；原则上不追加文物点发掘面积，如需追加，优先考虑时代偏早的墓葬或有重要遗迹现象的遗址，具体的发掘面积依据工作实际以及文物点价值大小确定；核减发掘面积的，根据布方实际测算。根据这一原则，湖北省文物局确定了各项目承担单位的调项方案，并与各项目承担单位签订补充协议，明确了调项后各项目的工作量和工作经费。调项后，工程全线涉及的文物点共33处（附表四）。

按照湖北省文物局与各项目承担单位签订的考古工作协议，各项目承担单位应在2016年9月30日前完成各文物点额定面积的发掘任务，全面负责现场和出土文物的安全，开展室内资料整理，并于2016年11月15日前提交规范的考古工作分报告。

（二）实施过程

各项目承担单位在考古勘探工作结束之后，立即按照有关规定，开始规划、部署、实施考古发掘工作。各项目承担单位开始工作的时间多在7月初，普遍于9月30日前结束考古发掘工作。个别项目承担单位因发掘项目调项导致发掘面积和深度变化较大，结束时间延迟到12月份，如恩施州博物馆负责的广水市大汪家湾墓地。

1. 室外田野发掘阶段

2016月7月底，各项目陆续进入发掘阶段。为更精准地了解项目所在区域遗迹和遗物的分布状况，最大限度地发挥额定发掘面积的效用，各单位又重新调配了勘探力量进行目的性更强的勘探，进一步弄清了文化堆积丰富、价值较大区域的准确位置及范围，为选点发掘做好了必要的准备。如南京大学对老河口市上寨遗址进行了范围较大的补充勘探；襄州区河里杜家遗址经过调项程序后，增加了发掘面积及相应的勘探任务，该项目的考古发掘队加强了追加面积后的勘探密度和广度，总勘探面积达到5088平方米，超额完成任务；厦门大学、恩施州博物馆分别在杨岗墓地、大汪家湾墓地用探地雷达进行地下墓葬的定位勘察工作，准确发现大批墓葬。

发掘阶段大致有选定发掘地点、发掘点地形和环境测绘、布设探方（或探沟）、正式发掘（青苗）、遗迹与探方平面和剖面测绘、摄影与摄像、文物提取与保护、发掘记录、工作验收、落实保护措施（回填）等工作步骤和任务。各单位多在协议书约定的9月30日前完成以上工作。在发掘过程中，很多单位根据遗迹和现象的实际情况进行了扩方发掘，以保证发掘资料的完整性，从而适度超额完成了发掘任务（如郑州大学负责的南大堰遗址、四川大学负责的纪洪北岗墓群、武汉大学负责的九姓庄墓群、随州博物馆负责的斜子地墓地、湖北省文物考古研究所负责的狮子湾墓地等）（附表五）。

由于工作期间正值暑期，白天气温很高，发掘现场土质面的蒸发速度加快，容易导致土面干燥龟裂、质地变硬、土色发生变化等，使土色辨认难度和发掘难度加大。因此，很多工地采取了一些措施降低高温影响，提高工作效率。如河里杜家墓地考古队在探方土面上覆盖了塑料膜，分不同时间段给探方地面泼水加湿；郑州大学负责的长尺地遗址在工作现场加强了土样内苞粉、花粉等的浮选工作，成功浮选出东周时期的稻米谷壳，提取古生物环境考古学资料。

在发掘过程中，按照国家文物局、湖北省文物局的要求，各项目承担单位加强了对新技术与新方法的学习与引进，并积极将它们运用于考古实践，尤其是在测绘地图的科学化、信息化和标准化等方面。如使用全站仪测量地形和墓葬总平面图；采用无人机对文物点和发掘清理后的遗迹进行航拍；使用ArcGIS绘制文物点地形图、文物点与输水隧洞相对位置图、勘探区域图、墓葬总平面图；使用Photoscan建立遗迹的三维模型和正射影像（图一四），利用该影像并结合ArcGIS绘制其平、剖面图。

除使用无人机航拍、Photoscan三维建模外，老河口市熊河老营子遗址、随县狮子湾遗址考古工地还运用RTK大比例尺地形图测绘，曾都区张家湾墓群、杨家河墓群通过湖北省CORS系统，获取国家1980西安坐标系（中央子午线112°10′，与工程部门的坐标系并网）、黄海高程，绘制1：500比例地形图；襄州区车屋程家墓地使用AUTOCAD软件绘制人工探孔分布图和墓葬勘探分布图；老河口市纪洪北岗墓群还完成了地形数字高程模型的构建和正摄影像绘图。

2016年10月27～28日，湖北省文物局在随州组织召开鄂北地区水资源配置工程考古发掘工作总结会（图一五）。湖北省文物局、鄂北地区水资源配置工程建设与管理局（筹）、随州市文化体育新闻出版局以及参与项目发掘、监理、工作报告编写等单位的负责人出席会议。会上，湖北省文物考古研究所、襄阳市文物考古所、厦门大学、南京大学、郑州大学、四川大学等十家单位汇报了各自承担项目的成果；湖北荆楚文物保护工程监理有限公司汇报了监理工作，武汉大学作了《鄂北地区水资源配置工程文物保护项目考古发掘工作报告编写规范》专题发言。鄂北地区水资源配置工程建设与管理局（筹）对此次文物保护工作给予了高度评价，认为没有文物部门的高效工作，水资源工程的建设就不能顺利进行，此次文物保护工作组织充分、工作精神令人感动、高新技术运用充分、成果丰硕，为鄂北地区水资源配置工程提供了丰富的精神文化遗产，为文物部门和建设部门的合作树立了典范。湖北省文物局认为此次工作管理程序规范到位，人员、经费保障到位，各地区各部门协调和协作工作积极到位，考古工作业务水准高、成果丰硕，各项目承担单位为湖北文物事业发展做出了巨大贡献。会前，湖北省文物局和随州市博物馆还主办了"鄂北地区水资源配置工程考古成果"专题图片展，编印了《鄂北地区水资源配置工程考古成果图录》。

2. 室内整理阶段

按照《田野考古工作规程》，各项目承担单位对各种原始发掘记录进行了核览，对其中的错漏及时补正；对各类遗物按照出土单位进行清污、拼对、编号、修复、标本挑选、测

图一四　通过影像建立的随县狮子湾明清墓的三维模型

图一五　鄂北地区水资源配置工程考古工作总结会

量、绘图（对绘图不能真实反映实物原状的还需要进行拓片制作）、照相并完成器物卡片的制作。在此基础上，进行分类统计和器物排序编年。

在室内整理期间，注重开展多项科学测试和文物保护技术工作。郑州大学对南大堰遗址的炭样做了 ^{14}C 测年分析；四川大学对杨庄遗址出土的瓷器进行了胎釉化学成分的测试与鉴定；武汉大学聘请湖北省文物考古研究所体质人类学专家周蜜对九姓庄墓群出土的宋代人骨进行了年龄、性别以及死亡原因等的测量、分析及鉴定；南京大学利用本单位的科技考古实验室对上寨遗址出土遗物进行了科技测定；还有不少单位对地层和遗迹中的其他动植物和岩土矿物标本进行了相应的检测工作。这些测试和鉴定工作提取了大量珍贵的科技数据与信息，为下一步研究奠定了坚实的科技基础。

在初步完成出土文物资料整理和研究后，各单位在规定时间内分别向湖北省文物局和《考古发掘工作总报告》编制单位武汉大学提交了各自的《考古发掘工作分报告》。湖北省文物局和武汉大学及时对《考古发掘工作分报告》进行了审查，并提出修改意见和建议。2016年12月底，《考古发掘工作分报告》完成修改。2017年2月，《考古发掘工作总报告》编制完成。

3. 出土文物、有关资料的移交与保管

在湖北省文物局与各项目承担单位、协调单位签署的工作协议中，对出土文物、有关资料（各类文字记录、测绘图纸、影像资料、勘探与发掘工作报告、专业发掘简报与报告等）的移交工作，做了周密部署与安排，制定了实施细则。

此次出土文物的移交与保管按照属地保管的方式进行，即由项目所在地的文物协作部门提供出土文物暂存场地，并负责文物安全工作。这些部门为老河口市博物馆、襄州区博物

馆、枣阳市博物馆、曾都区博物馆、随县博物馆和广水市博物馆，他们按照我国文物与博物馆管理的有关规定，建设了符合文物保管需求的专用库房、建立了规范的管理制度、选用合格尽责的工作人员，保证了出土文物移交与保管工作的顺利进行。在管理制度中，最重要的一项就是注重文物交接工作的严谨规范、科学有序：交接前，移交方（各项目承担单位）要认真、如实填写"出土文物移交清单"，内容包括文物名称、数量、质地、尺寸、重量、年代、保存状况、出土地点与单位、发掘单位以及文物接收单位等；交接时，移交方和接收方派遣专业人员到指定地点（即上述博物馆）逐件移交、清点、接收文物，并核对"出土文物移交清单"，确保无误后由双方专业人员签字、加盖单位公章；交接后，移交方向湖北省文物局提交一份"出土文物移交清单"备案，移交的文物则由接收方安排专用库房和专业人员进行保管。经统计，绝大多数项目承担单位在2017年初完成了文物移交工作。

有关资料的移交，在所有考古工作任务完成后，由湖北省文物局统一负责组织与实施，于2017年6月完成。移交严格按照《田野考古工作规程》的有关规定执行，并借鉴三峡、南水北调工程文物保护工作的先进经验，确保移交资料真实、科学、完整，经得起历史检验。

第三章

文物保护工作成果

一、考古工作成果单项分述

（一）老河口市纪洪北岗墓群考古发掘工作简介

纪洪北岗墓群位于湖北省襄阳市老河口市袁冲乡纪洪自然村东，鄂北地区水资源工程I号标段从中穿越，涉及面积约2000平方米。此次计划勘探面积2000平方米，发掘面积300平方米，后因附近村民建房新发现汉代砖室墓2座，增加160平方米的发掘面积。2016年6月6日至8月23日，四川大学历史文化学院对该墓群展开了考古勘探与发掘工作，实际完成勘探面积40000平方米，发掘面积675平方米（图一六）。

此次共发掘9座东汉砖室墓（M9仅发掘墓室，其余部分叠压于现代民居下），均为带斜坡墓道的单室或双室砖墓，墓葬平面有刀形和"中"字形，出土大量陶器、铜器以及五铢钱等。陶器有日用的罐、碗、盆，祭祀用的耳杯、勺、樽、案，明器有房屋、牲畜圈、鸡鸭猪狗等模型器；部分陶器有绿色或黄色釉（图一七～图二二）。墓葬等级不高。墓葬文化面貌与襄阳、南阳一带类似。这批墓葬的发掘，为揭示该地汉代文化面貌和丧葬习俗，以及深入考察该地乃至鄂北地区汉代文化、丧葬习俗的演变及其与周邻地区的相互关系提供了重要物证。

图一六　纪洪北岗墓群发掘区航拍图

图一七 纪洪北岗墓群M5出土汉代博山炉式盖

图一八 纪洪北岗墓群M5出土汉代陶鸡

图一九 纪洪北岗墓群M8出土汉代陶灶

图二〇 纪洪北岗墓群M6出土汉代鎏金铜饰

图二一 纪洪北岗墓群M5出土汉代铜镜

图二二 纪洪北岗墓群M8出土汉代五铢钱

（二）老河口市杨庄遗址考古发掘工作简介

杨庄遗址位于湖北省襄阳市老河口市袁冲乡杜家庄村杨庄自然村，处于一南北向的平地上，长400、宽180米，面积约7万平方米。该遗址于1987年第二次全国文物普查时发现，推断年代为东汉至唐宋时期。此次计划勘探面积2000平方米，发掘面积300平方米（图二三、图二四）。2016年6月6日至8月23日，四川大学历史文化学院对该遗址展开了考古勘探与发掘工作。

本次发掘区的地层堆积可分为6层，因个别层位仅局部分布，各探方地层序列均不完整。共清理遗迹38处，其中房基2座、灶2处、灰坑17座、灰沟17条。出土大量瓷器、陶器，另有大量建筑材料，如板瓦、滴水、残砖等，以及少量钱币、铁器、银饰等（图二五～图二九）。发掘表明，杨庄遗址兴起于元代中晚期至明代早期，明代中期前后曾趋衰颓，明代晚期复兴，清代咸丰年间被彻底废弃，是目前鄂北一带发现的屈指可数的晚期遗址之一。发掘所获瓷器较为精美，所属窑口较丰富，一定程度上填补了鄂北地区元明清时期考古的空白。

图二三　杨庄遗址T1～T3航拍图

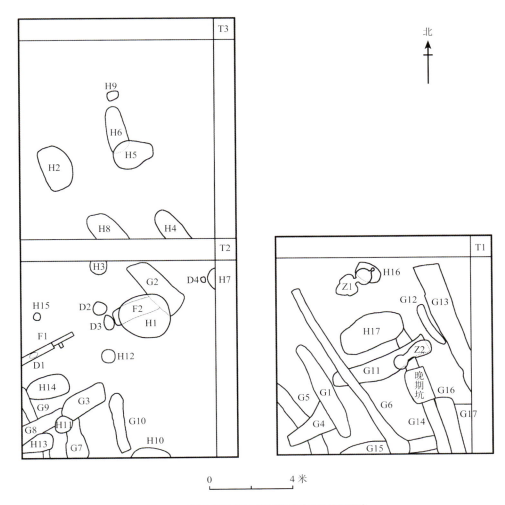

图二四 杨庄遗址探方总平面图（全站仪测绘）

图二五 杨庄遗址Z1近景（西南—东北）

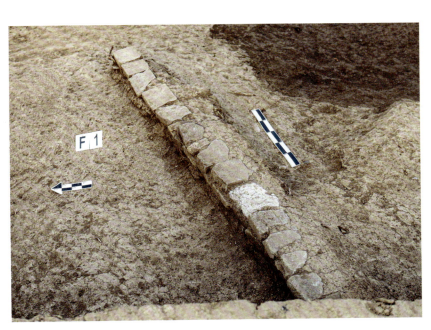

图二六 杨庄遗址F1近景（东南—西北）

图二七　杨庄遗址出土树石栏杆纹盘(T2②:1)

图二八　杨庄遗址出土青釉杯(T1⑱:2)

图二九　杨庄遗址出土红绿彩瓷人(H4:1)

（三）老河口市吴家桥西墓地考古发掘工作简介

　　吴家桥西墓地位于湖北省襄阳市老河口市袁冲乡吴家桥村吴家桥自然村中西部的耕地上，处于鄂北地区水资源配置工程渠线以东约828米。墓地平面基本呈长方形，面积约8800平方米，保存状况一般。在墓地中部最高处残存一座带封土的土坑砖室墓，俗称"大冢子"，为老河口市市级文物保护单位。此次计划在吴家桥西遗址、小刘岗遗址、杜家庄遗址的发掘面积分别为50、50、100平方米（图三〇）。但杜家庄遗址、小刘岗遗址勘探中未发现遗迹，吴家桥西发现较大墓葬，故并项，仅发掘吴家桥墓地，同时增加50平方米的发掘面积。十堰市博物馆于2016年8月12日至9月25日对该墓地进行了发掘工作，共完成发掘面积512平方米。

　　此次考古发掘发现一座长37、宽37米的正方形土坑砖室墓，并在该墓的四周发现平面呈正方形的围墓沟遗迹（图三一）。在围墓沟的东沟南段、南沟东段布设2条探沟，分别为TG1、TG2，平均边长约100米，东、西、北三面闭合，南面留有进出的通道。另外，在墓葬的南部和围墓沟的西南角发现疑似享堂类的地面建筑遗迹。受发掘面积限制，此次仅发掘了东围墓沟的南段和南围墓沟的东段，出土大量建筑遗存和少量生活器具。根据出土的汉代绳纹筒瓦、板瓦、陶双耳罐等器物（图三二～图三五），判断围墓沟属于汉代遗迹。围墓沟作为墓葬、墓地的一种附属结构，其前身可追溯至秦代乃至史前。

图三〇 吴家桥西墓地布方图

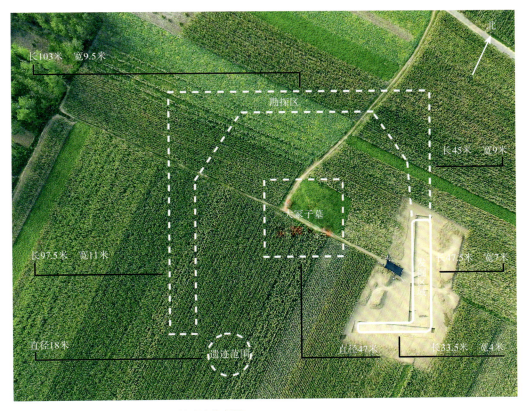

图三一 吴家桥西墓地围墓沟及相关遗迹分布图

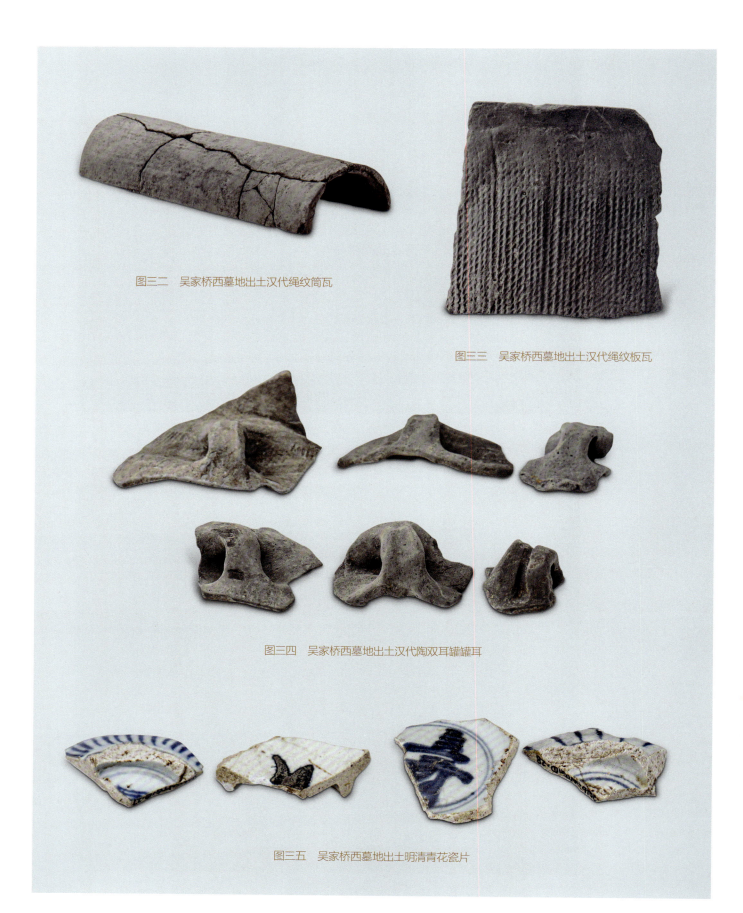

图三二　吴家桥西墓地出土汉代绳纹筒瓦

图三三　吴家桥西墓地出土汉代绳纹板瓦

图三四　吴家桥西墓地出土汉代陶双耳罐罐耳

图三五　吴家桥西墓地出土明清青花瓷片

（四）老河口市长尺地遗址考古发掘工作简介

长尺地遗址位于湖北省襄阳市老河口市孟楼镇小黄营村小黄营自然村东北，于第二次全国文物普查时发现，为老河口市市级文物保护单位。根据调查，将该遗址年代定为新石器时代及汉代。遗址所处地势平缓开阔，呈东西向分布，保存状况较差。鄂北地区水资源配置工程从遗址南部穿过。郑州大学考古学系于2016年6月18日至9月30日对该遗址进行考古勘探和发掘。计划勘探面积4000平方米，发掘面积1000平方米，实际完成发掘面积为1000平方米（图三六）。

遗址地层堆积可分为2层：第1层为现代耕土层，第2层为明清时期文化层，2层下为生土。共发掘44座灰坑、3条灰沟（图三七、图三八）。出土遗物有陶器、石器等，以陶器为大宗。陶器质地分为泥质陶和夹砂陶两大类，以泥质灰陶为主。纹饰多样，以篮纹为主，素面次之。器类以罐和鼎为主。石器有石斧、石铲、石球、石镰等（图三九～图四二）。判定该遗址年代应为石家河文化二期。该遗址对鄂西北史前环境变迁、文化面貌与聚落形态的研究具有重要意义，且该遗址处于王湾三期文化与石家河文化交汇地带，也为深入探讨二者的交流与互动关系提供了实物资料。

图三六　长尺地遗址发掘区航拍图

图三七　长尺地遗址H10

图三八　长尺地遗址H36

图三九　长尺地遗址出土石铲（H10∶4）

图四一　长尺地遗址H36①出土陶器

图四〇　长尺地遗址出土纺轮

图四二　长尺地遗址H36②出土陶器

（五）老河口市南大堰遗址考古发掘工作简介

南大堰遗址位于湖北省襄阳市老河口市孟楼镇小黄营村小黄营自然村东南，地势较平坦，平面形状近似正方形。第二次全国文物普查时发现。现存面积约62500平方米，为老河口市第二批市级文物保护单位。调查时将其年代定为东周至汉代。保存状况一般，鄂北地区水资源配置工程从遗址东北部穿过。2016年6月18日至9月30日，郑州大学考古学系对该遗址进行了考古勘探和发掘，计划勘探面积4000平方米，发掘面积1000平方米，实际完成发掘面积1100平方米（图四三）。

遗址共发现71座灰坑、15条灰沟、2座墓葬、4座房基、1座灶、1口水井（图四四）。出土遗物有陶器、石器、铁器、铜器、玉器等（图四五～图四七）。根据层位关系，结合所出遗物，整个遗址的文化遗存可分为三期。第一期以F1～F4、H3、H5、J1、G10、G11为代表，器形有鬲、盆、罐、豆、盂、砖、瓦等，为战国中晚期；第二期以M2、H20、H64为代表，器形有罐、碗、瓦等，为宋代；第三期以M1为代表，未出土遗物，根据地层关系推断为明清时期。由此可初步推断该遗址主要为战国中晚期的中小型聚落遗址，自战国晚期开始衰落。由于发掘面积有限，此次仅发现了遗址的居住区，尚未发现与居址同时期的墓葬区、手工业区等。

图四三　南大堰遗址发掘区航拍图

图四四 南大堰遗址M1

图四五 南大堰遗址出土战国陶器

图四六 南大堰遗址出土战国石斧

图四七 南大堰遗址M2出土宋代铜鏊

（六）老河口市上河遗址考古发掘工作简介

上河遗址位于湖北省襄阳市老河口市孟楼镇曹家坡村任家营自然村南，处于鄂北地区水资源配置工程管线施工影响区域。2016年6月28日至9月10日，中国人民大学考古文博系对其进行了田野考古发掘，计划勘探面积2000平方米，发掘面积600平方米，实际完成发掘面积650平方米（图四八）。

发掘区域的地层可分为3层：第1层为现代耕土层，第2层为近现代文化层，第3层为新石器时代文化层，3层下为生土。共清理遗迹38处，均开口于第2层下，包括灰坑27座、灰沟9条、井1口、墓葬1座（图四九、图五〇）。其中新石器时期灰坑9座、灰沟2条；东周时期灰坑1座；两汉时期灰坑1座；明清时期灰坑16座、灰沟6条、井1口；清早中期墓葬1座。出土遗物有瓷器、陶器、铁器、石器、铜钱等，以瓷器和陶器为主（图五一、图五二）。因遗址所受扰动较为严重，所出完整器较少。根据调查勘探时的情况推断，上河遗址周边应当仍然存在其他新石器晚期或东周时期的文化遗存。

图四八　上河遗址发掘区全景

图四九　上河遗址H17

图五〇　上河遗址M1

图五一 上河遗址出土遗物

1. G8出土口沿 2. G8出土鼎足 3. 石斧（G8:1） 4. 陶圈足盘（G8:2） 5. 陶瓿（H3:1） 6. 陶豆（G8:3）

图五二　上河遗址出土明清瓷器
1. 瓷碗（J1:1）　2. 瓷碗（J1:4）　3. 瓷碗（J1:5）　4. 瓷罐（J1:6）　5. 瓷瓶（J1:7）　6. 瓷碗（J1:8）

（七）老河口市熊河老营子遗址考古发掘工作简介

熊河老营子遗址位于湖北省襄阳市老河口市孟楼镇熊河村熊河老营子自然村西南，于2009年第三次全国文物普查时发现，据地表采集物判定其时代为新石器时代。所处地势为临河坡地，北部略高，南部低缓，南北长100、东西宽50米。鄂北地区水资源配置工程从该遗址核心区中部穿过。2016年6月25日至8月30日，宜昌博物馆对其进行了田野考古发掘，协议勘探面积2000平方米，发掘面积300平方米，实际发掘面积为400平方米（图五三）。

发掘区域地层关系简单，共分7层，总深度为1～2米，其中第1～3层为近现代耕土层或堆积层，第4～6层为明清时期文化层，第7层为东周时期文化层。共清理窑址2座、灰沟1条、灰坑12座（图五四、图五五）。出土遗物数量有限，大致分为早晚两期：早期为东周时期，发现少量红褐及黑陶片；晚期为明清时期，以青花瓷、青釉瓷为代表（图五六）。

熊河老营子遗址位于临河台地，可能是古代一人类活动居住地，其南侧即为古河道前河，可便于汲水。此次发掘为当地增添了一批明清、东周时期遗物，为了解当时当地生产生活提供了比较丰富的实物资料。

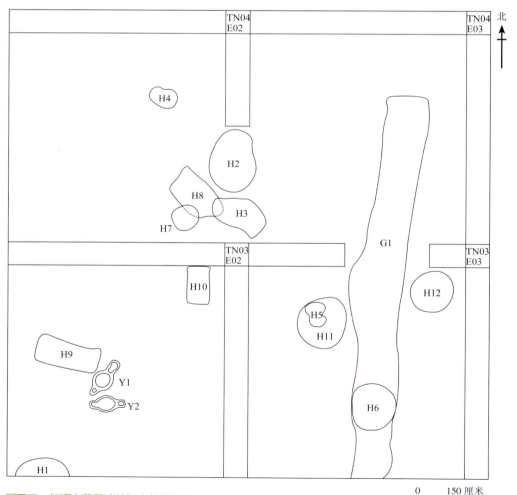

图五三　熊河老营子遗址探方总平面图

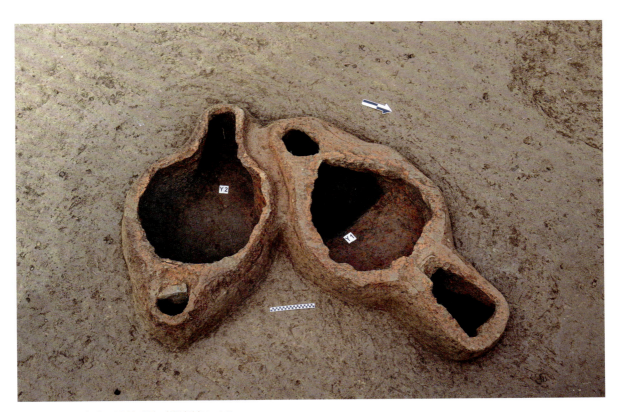

图五四 熊河老营子遗址明清时期窑址Y1、Y2

图五五 熊河老营子遗址东周时期灰坑H12

图五六　熊河老营子遗址出土明清瓷器标本

1. 青花瓷碗底（TN03E02⑥:2）　2. 青釉瓷壶（TN03E02⑥:3）　3. 青釉瓷碟（TN03E03④:3）

4. 青釉瓷碟（TN03E03④:2）　5. 白釉瓷碗（TN04E02④:1）　6. 青釉瓷碗（TN04E03④:1）

（八）老河口市小王堰遗址考古发掘工作简介

小王堰遗址位于湖北省襄阳市老河口市薛集镇小王堰村小王堰自然村北，处于一南北向岗地的南侧，西北较东南略高，东西长200、南北宽150米。鄂北地区水资源配置工程在遗址北部自西向东横穿而过。2016年7月31日至9月28日，黄石市博物馆对其进行了田野考古发掘。计划勘探面积2000平方米，发掘面积300平方米，实际完成发掘面积309平方米（图五七）。

发掘区域地层堆积可分为5层：第1层灰砂土，为现代耕土层；第2层灰褐色斑土，为扰乱层；第3层青灰淤泥土，为东周至唐宋时期文化层；第4层和第5层灰褐斑土，为东周文化层；生土为黄褐黏土。共发现遗迹15处，包括灰坑12座、灰沟3条（图五八、图五九）。出土大量遗物，其中小件30余件，陶、瓷片100余袋，取土样50余袋。大致可分为东周遗物、汉代遗物、唐宋遗物（图六○～图六二）。

从发掘情况看，该遗址为一处面积大、延续时间长的大型遗址。因当地居民建房和开挖沟渠，加上发掘面积有限，此次发掘仅能揭露出遗址的局部。

图五七　小王堰遗址发掘区
航拍图

图五八　小王堰遗址H10

图五九　小王堰遗址G2

图六〇　小王堰遗址出土东周时期陶鬲

图六一　小王堰遗址出土东周时期陶盂

图六二　小王堰遗址出土唐代黄釉瓷碗

（九）老河口市墓子地遗址考古发掘工作简介

墓子地遗址位于湖北省襄阳市老河口市薛集镇曾家岗村张洼自然村东北，地貌为西高东低的大片农田。地处鄂北地区水资源配置工程37+500标段区域，受工程施工影响较大。前期调查曾采集战国至两汉时期的文化遗物。根据勘探结果初步推断，其年代可追溯至春秋至战国时期或更早。2016年6月27日至8月20日，中国人民大学考古文博系对其进行了田野考古发掘，计划发掘面积1000平方米，实际发掘面积1000平方米（图六三）。

发掘区域文化层堆积厚度在0.5～0.9米，距地表深度在0.2～0.4米。文化层堆积连续性较差，大部分呈坑状堆积。共发现灰坑39座、井1口（图六四、图六五）。出土大量绳纹板瓦、筒瓦残片、几何纹砖碎块等建筑构件，以及大量绳纹夹砂陶鬲、陶釜、泥质陶豆等陶器残片（图六六）及少量磨制石器、铜箭头。

该遗址的发现有助于揭示该地区自春秋至东汉时期的历史文化面貌，为进一步搜寻和发现周边区域内更早期的人类生活遗址提供参照。

图六三 墓子地遗址发掘区航拍图

图六四　墓子地遗址H9

图六五　墓子地遗址J1

图六六　墓子地遗址出土汉代陶器

1. 泥质灰陶网格纹双耳罐（J1③：5）　2. 泥质灰陶网格纹双耳罐（J1③：7）　3. 泥质黄褐素面筒形罐（J1③：4）

4. 泥质灰陶绳纹双耳罐（J1③：16）　5. 泥质灰陶绳纹双耳罐（J1③：8）　6. 泥质灰陶绳纹双耳罐（J1③：11）

7. 泥质灰陶绳纹双耳罐（J1③：6）　8. 泥质灰陶弦纹双耳罐（J1③：9）（从前往后，从左往右）

（十）老河口市上寨遗址考古发掘工作简介

上寨遗址位于湖北省襄阳市老河口市薛集镇上寨村上寨自然村西侧400米处，地势较平坦，主体保存一般，系第二次全国文物普查时发现，现为老河口市市级文物保护单位。第三次全国文物普查时进行了复查。2016年6月11日至9月30日，南京大学和河南大学联合对其进行了勘探和发掘，计划勘探面积3000平方米，发掘面积1000平方米；实际完成发掘面积1025平方米（图六七）。

发掘区域地层可分为3层：第1层为现代耕土层，第2层为明清时期文化层，第3层为东周时期文化层。共发现遗迹216处，第2层下有灰沟2条、灰坑25座、路面1处、墙基5处、柱洞24个；第3层下有红烧面2处、灰沟3条、灰坑35座、井1口、窖穴1处、墙基3处、灶2座、柱洞112个。共出土各类完整、可修复和可辨器形器物113件，包含石器、陶器、铜器、铁器等（图六八～图七一）。此次发掘对研究东周时期这一地区聚落形态具有重要意义。

图六七　上寨遗址发掘区航拍图

图六八　上寨遗址H44出土石器

图六九　上寨遗址H30出土陶盂

图七〇　上寨遗址H30出土刀币

图七一　上寨遗址T42出土玛瑙珠

（十一）襄州区石桥镇九姓庄墓群考古发掘工作简介

　　九姓庄墓群位于湖北省襄阳市襄州区石桥镇张营村九姓庄自然村北，中心位置地理坐标为北纬32°25′56″，东经112°1′25″，海拔110米。2016年6～8月，武汉大学对其进行了田野考古发掘，计划勘探面积3000平方米，发掘面积300平方米，实际完成发掘面积326平方米（图七二）。

　　墓群地层堆积较为简单，分为2层：第1层为现代耕土层，第2层为明清时期文化层，第2层下为生土层。共布3个10米×10米探方，发现遗迹22处，其中墓葬6座、灰坑14座、灰沟1条、路1条（图七三～图七五）。出土遗物有陶瓷器、钱币、砖瓦和铁器等（图七六、图七七）。墓葬年代为宋代，其上叠压明清堆积，是目前鄂北一带发现的屈指可数的宋代墓群之一。结合勘探成果，通过发掘揭示了该墓群主要位于石桥镇黑龙集村与张营村的交界地带，处于沟北发掘区，并一直向发掘区北面延伸。沟以南的灰坑出土了废弃的脊兽残件，而中国传统高等级木构建筑的屋脊上多装饰有"脊兽"，推测此地应有相应的建筑设施，可能是当地村民口口相传的"白莲寺"。另外，九姓庄墓群M6带有仿木结构，有比较复杂的柱、斗拱、桌椅、门窗和家具。九姓庄墓群的发现对研究鄂北地区北宋时期的丧葬习俗提供了资料，对于研究宋代木构建筑技术也有一定意义。

图七二　九姓庄墓群沟北发掘区航拍图

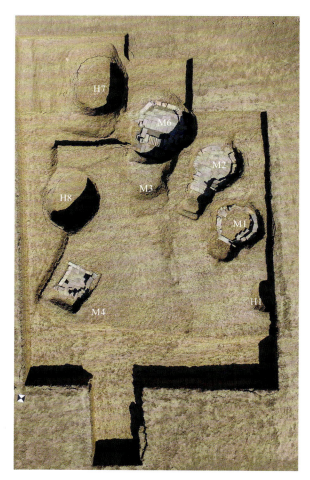

图七三　九姓庄墓群T1遗迹分布航拍图

图七四　九姓庄墓群M6

图七五　九姓庄墓群M6砖雕细部

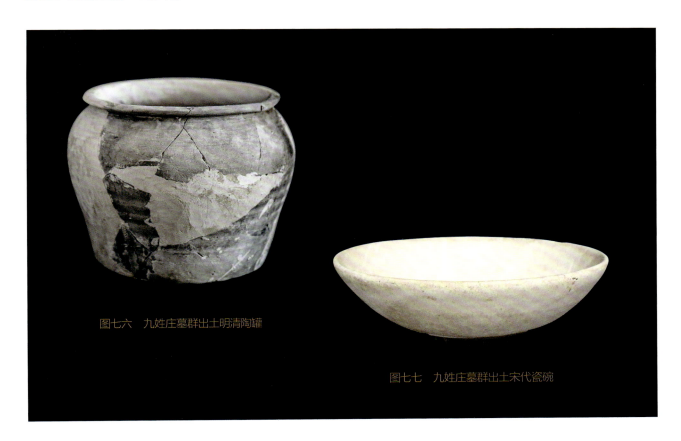

图七六　九姓庄墓群出土明清陶罐

图七七　九姓庄墓群出土宋代瓷碗

（十二）襄州区河里杜家墓地考古发掘工作简介

　　河里杜家墓地位于湖北省襄阳市襄州区石桥镇前常村河里杜家自然村东北，中心地理坐标为东经112°04′26.23″，北纬32°24′24.31″，海拔111.8米。2016年6～8月，湖北省文物考古研究所对其进行了田野考古发掘，计划勘探面积1500平方米，发掘面积200平方米，实际勘探面积为8848平方米，由于考古发现价值较大，后增加发掘面积100平方米（图七八）。

　　墓地地层堆积比较简单，第1层为现代农业耕作形成的耕土层，第1层下即为生土层。以西区西南基点为布方的基点，正北向布5米×5米探方22个，发现并清理了新石器时代壕沟1条、灰坑26座，汉代灰坑1座、窑址2座，隋唐墓葬14座，宋代窑址4座，明清时期墓葬1座（图七九、图八〇）。

　　虽未对整个墓地进行全面发掘，但根据地表暴露的砖瓦残片，发掘区北部存在居住址的可能性较大。根据灰坑内出土的大量陶片和较多的兽骨和少量石器分析，墓地新石器时代遗址应以农业经济为主，但渔猎经济也在生产经济模式中占有重要地位。墓地发现的新石器时代遗存，证明早在距今7000年前，就有远古人类在此繁衍生息，同时这里作为黄河流域与长江流域的结合地区，各种文化汇聚融合，为我们研究鄂西北地区新石器时代文化发展提供了新的资料。汉代和宋代窑址的发现，丰富了鄂西北地区古代窑址研究的资料（图八一、图八二）。隋唐时期墓葬的发现也进一步丰富了襄阳地区隋唐时期墓葬的研究资料。

图七八　河里杜家墓地发掘区航拍图

图七九 河里杜家墓地Y1～Y3、Y6俯视图

图八〇 河里杜家墓地Y4、Y5俯视图

图八一　河里杜家墓地宋代瓷碗（Y3:1）　　　　图八二　河里杜家墓地宋代瓷碗（Y3:2）

（十三）襄州区斜子地墓地考古发掘工作简介

　　斜子地墓地位于湖北省襄阳市襄州区黄集镇大王村七组大王自然村南，中心位置地理坐标为东经112°6′38.8″、北纬32°23′16.8″，海拔128米。鄂北地区水资源配置工程五标段线路从墓地北部和西部穿过，桩号为K51+800。2016年6～8月，随州市博物馆对其进行了田野考古发掘，涉及面积约3000平方米，计划勘探面积1000平方米，发掘面积100平方米；实际发掘面积115平方米。

　　在墓地西区布10米×10米探方1个、3米×10米探沟1条。T1共分为2个地层堆积：第1层为耕土层，第2层下发现M1和M2。TG1第1层为耕土层，第2层为明清时期文化层，第3层为宋代文化层，第4层为秦汉时期文化层（图八三）。共发掘墓葬2座，均为晚清土坑墓，M2为夫妻合葬墓，东室出土"光绪通宝"7枚，西室出土铁箍1件、铜顶针1件（图八四）。墓地东区为秦汉文化遗址，共分4个地层：第1层为现代耕土层，第2层为明清时期文化层，第3层为宋代文化层，第4层为秦汉时期文化层，第4层下为黄褐生土。

通过考古勘探与发掘，斜子地墓地文化年代可分为秦汉和宋至明清两个时段。虽然墓地保存完整的墓葬不多，但在墓地区域发现了相应时期的文化遗址，这是一个重大突破，也是一项重要收获。斜子地墓地是南襄通道上的一处重要古文化遗存，为研究鄂北地区历史文化及南北文化交流提供了重要实物资料。

图八三　斜子地墓地TG1航拍图

图八四　斜子地墓地M2全景

（十四）襄州区赵马岗遗址考古发掘工作简介

赵马岗遗址位于湖北省襄阳市襄州区黄集镇大王村一组赵马岗自然村东，中心位置地理坐标为东经112°7′17.7″、北纬32°22′22.4″，海拔134米。鄂北地区水资源配置工程五标段线路从遗址中心穿过，涉及面积约800平方米，计划勘探面积800平方米，发掘面积100平方米（图八五）。

于工程线路中心区域即遗址保存较好的部位布方发掘，布方面积150平方米，探方规格5米×5米。发掘区域地层堆积可分为2层：第1层为耕土层，第2层为明清时期文化层，第2层下发现东汉灰沟1条，由西向东贯穿T4～T6，整体西窄东宽，西浅东深。灰沟内为同一堆积，土色黑灰，土质松软，出土遗物以建筑材料板瓦、筒瓦块为主，生活用器可见盆、瓮、罐残片等，可复原器很少。

赵马岗遗址虽然地层堆积简洁，遗迹单一，遗物较少，但层次分明，文化年代清晰，可分为东汉和宋、明清两个大的时段。东汉遗物以绳纹板瓦、筒瓦为主，另有盆口沿、罐片、花纹砖等，尤以花纹砖为多，瓦砾堆积单一，相对稳定。宋代青瓷片数量不多，明清青花瓷片相对丰富。这种情况反映出遗址在历史各时期的稳定程度和发展变化，说明遗址是南襄通道上的重要古文化遗存之一，对研究鄂北地区历史文化及南北文化交流提供了重要实物资料。

图八五　赵马岗遗址发掘区全景

（十五）襄州区杨岗墓地考古发掘工作简介

杨岗墓地位于湖北省襄阳市襄州区黄集镇王庄村三组杨岗湾南，地处鄂北地区水资源配置工程管道经过的中心地带，距工程输水隧洞仅50米，墓地北部已被工程破坏。厦门大学历史系主要承担了此次勘探及发掘工作，勘探结果表明，太山庙遗址文化堆积薄、价值低，杨岗墓地价值更高，故与太山庙遗址并项，发掘杨岗墓地，实际发掘面积150平方米。

在发掘区布探方3个，5米×5米探方2个、10米×10米探方1个。发掘区地层堆积比较简单，共2层：第1层为耕土层，第2层为扰土层，第2层下为红色生土。共发掘11座墓葬，均开口于第1层下，打破第2层及生土（图八六）。墓葬规模不大，大小基本相同，形制分为两种：一种为长方形土坑竖穴墓，另一种为长方形单室砖墓。葬式均为仰身直肢葬，面朝上，头朝东北，头部下方垫有瓦片。出土遗物器形及种类较为单一，主要为墓葬中的随葬品，除40余枚"康熙通宝"外，在M8及M11中出土2件耳饰，另出土5件陶罐（图八七、图八八）。根据墓葬形制、规模、排列情况及出土遗物，推断该墓地为清代普通家族墓地。该墓地的发掘对探讨这一时期区域性的墓葬礼制文化和社会族群构成具有一定的意义。

图八六　杨岗墓地M7～M9

图八七　杨岗墓地出土陶罐　　　　　　　　　　图八八　杨岗墓地出土陶罐

（十六）襄州区车屋程家墓地考古发掘工作简介

　　车屋程家墓地位于湖北省襄阳市襄州区古驿镇宋湾村一组车屋程家湾，处于施工方中铁十一局五标段工程范围内。厦门大学历史系对其进行了田野考古发掘。计划勘探面积2000平方米，发掘面积500平方米，实际完成额定任务（图八九）。

　　共清理遗迹20处，均开口于现代表土层下，直接打破生土，发掘区内未见文化层分布，遗迹之间未见叠压、打破关系（图九〇）。其中18座东汉墓较重要，遗物均为墓葬中的随葬品，包括铜器、铁器、陶器等（图九一～图九四），器物类别大体相同，有的随葬器物在形制上有一定发展，为西汉末期至东汉时期不同阶段延续发展的表现。墓地当为汉代平民阶层的墓地，存续年代为西汉末期至东汉时期。从墓葬形制和随葬品组合来看，车屋程家墓地与襄阳市樊城区两座东汉墓相仿，基本反映出襄阳地区小型汉墓的文化面貌和特征。值得注意的是，M7、M8在墓口一端近底部用墓砖设置转角象征墓道，M8内存在多人二次葬的情况，这在以往襄阳地区汉墓材料中比较少见。此次考古勘探、发掘与研究，对探讨汉代南阳盆地聚落分布、襄阳与南阳水陆交通体系，以及考察襄阳汉墓的区域文化特征和埋葬习俗等都具有重要价值。

图八九 车屋程家墓地航拍图

图九〇 车屋程家墓地M1航拍图

图九一　车屋程家墓地M1出土随葬品组合

图九二　车屋程家墓地出土随葬品组合

图九三　车屋程家墓地出土铜洗

图九四　车屋程家墓地出土陶狗

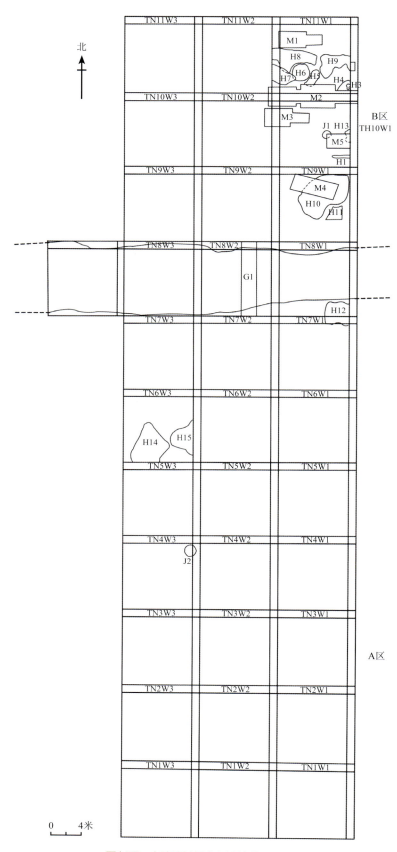

（十七）襄州区宋湾遗址考古发掘工作简介

宋湾遗址位于湖北省襄阳市襄州区古驿镇宋湾村东南部，其北为宋湾村，西为椿树张自然村，南靠车屋程家湾自然村，东临白河。于1989年第二次全国文物普查时发现并确认为汉代白马驿遗址。2016年7～9月，襄阳市文物考古研究所对其进行了调查、勘探和发掘工作，实际勘探面积8000平方米，查明遗址南北长200、东西宽50米，面积约3000平方米。文化层厚0.6～0.8米，个别灰坑深达2.2米，勘探发现东汉至六朝时期中小型砖室墓5座，另外于征地范围内发现1条两周时期灰沟。发掘区分为A、B区，共布10米×10米探方10个，实际发掘面积600平方米（图九五、图九六），发掘并清理重要遗迹共23处，其中东汉至六朝时期砖室墓5座，两周时期灰坑15座、井2口、灰沟1条（图九七～图九九）。

砖室墓的墓葬平面形制为"凸"字和"中"字形，由斜坡墓道、甬道、墓室组成，墓室有双室和单室之分，砖侧面模印几何纹饰。M2通长11.5、通宽3.75米，墓室通长7.8、通宽3.75米。人骨和葬具保存较差。出土遗物有陶器和铜钱30余件，陶器主要有灰陶碗、罐、灶、井等，钱币有五铢铜钱17枚。

灰坑多呈不规则圆形和长条形，其内堆积一般可分1～4层。水井开口平面形状近似圆形，直壁。井口最长1.58米，井底距井口最深1.72米。出土陶片、石器、骨器、贝壳及兽角等。陶片有灰陶、浅灰陶、褐陶、红陶、夹砂陶、黑皮陶。器物多见鬲、豆、盆、罐、甗，鼎少见，不见折肩罐、簋（图一〇〇、图一〇一）。大部分陶片饰绳纹，部分有附加堆纹、布纹、凸弦纹。H8内堆积面积较大的细碎贝壳，较为罕见，共存东周残破陶豆1件。

宋湾遗址是白河西岸一处重要的两周时期中小型聚落遗址，这在襄北临近白河地区尚属首次发现。出土两周时期陶器类型与襄阳市襄州区黄集镇小马家遗址、真武山的较为接近，年代约在西周晚期至春秋晚期。遗址的早期地层邓文化因素居多，晚期地层应属楚文化范畴。

图九六 宋湾遗址发掘区A区全貌

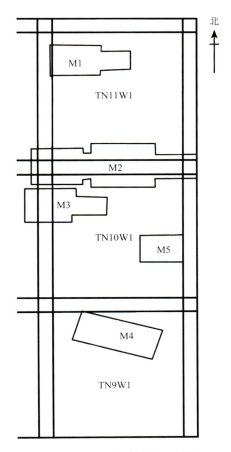

图九七 宋湾遗址墓葬分布图

图九八 宋湾遗址M2

图九九　宋湾遗址H5发现东周时期贝壳堆积

图一〇〇　宋湾遗址H14出土的陶盂

图一〇一　宋湾遗址J2出土陶鬲

（十八）襄州区余沟墓群考古发掘工作简介

余沟墓群位于湖北省襄阳市襄州区古驿镇余沟村，中心地理坐标为东经112°15′50.08″、北纬32°19′19.52″，海拔95～113米。2016年6～8月，荆州博物馆对其进行了田野考古发掘，实际揭露面积2100平方米（图一○二）。

依据渠线走向，在100米×100米的勘探方内用RTK布设10米×10米发掘方21个。以KT10西南角为基点，使用象限法给予发掘方编号。探方地层堆积简单，由上至下仅可分为1层：第1层为耕土层，第1层下为黄色生土。发掘东汉墓葬14座，均为竖穴土坑墓，大多1条墓道，墓葬方向南北向、东西向均有。共出土陶器、铜钱等遗物43件。主要器形有鼎、仓、罐、盂、圈、甑等；可辨铜钱有五铢、大泉五十及货泉等（图一○三、图一○四）。推定墓葬年代为东汉时期，墓葬的埋葬方向缺乏明显的规律，应该是一处共用墓地。墓葬的整体规格不高，应为居住在周边的平民墓地。渠线施工范围及周边为东汉时期砖室墓分布比较密集的区域。墓群不仅分布面积大、数量多，而且因同时期墓地在古驿镇分布较少而显得更为重要。该墓群的发现，有助于揭示该地东汉时期文化面貌和丧葬习俗，为深入考察襄州区乃至鄂北地区古代文化、丧葬习俗的发展演变及其与周邻地区的相互关系提供了重要物证。

图一○二 余沟墓群KT05发掘区航拍图

图一〇三　余沟墓群M8及出土铜钱

图一〇四　余沟墓群出土陶器

（十九）枣阳市李沟遗址考古发掘工作简介

李沟遗址位于湖北省襄阳市枣阳市七方镇秦庄村李沟自然村，地处一南低北高的平缓坡地，鄂北地区水资源配置工程渠线从中部穿过，工程标段桩号为K93＋600。为配合工程建设，2016年6月，荆州博物馆对渠线范围内进行考古勘探，勘探面积10000平方米；7月27日至8月14日进行了考古发掘工作。

此次发掘布设10米×10米探方1个，方向正南北，编号为TN1E1。根据遗迹分布情况，分别向西、北两侧扩方，实际发掘面积97平方米（图一○五）。

发掘区域地层堆积较简单，共2层：第1层为现代农业种植形成，灰褐色黏土，土质疏松；第2层为近现代平整土地形成，灰黄色夹红斑黏土，土质较紧密，以下为黑褐色生土。第2层下开口的遗迹有宋代墓葬1座（图一○六）、明代灰坑1座（图一○七）。出土陶、瓷、铜等质地的遗物13件（图一○八）。

结合前期勘探情况，遗址被近现代生产活动严重破坏，现存范围面积小、堆积薄。发掘表明该遗址的内涵由宋代墓地与明代生活居址两部分组成。该遗址的发现，在一定程度上有助于揭示该地宋、明两代的文化面貌。

图一○五　李沟遗址TN1E1航拍图

图一〇六　李沟遗址M1

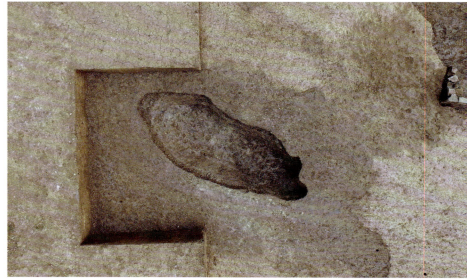

图一〇七　李沟遗址H1

图一〇八　李沟遗址M1出土镶嵌绿松石铜戒指

（二十）枣阳市韩冲墓群考古发掘工作简介

韩冲墓群位于湖北省襄阳市枣阳市七方镇秦庄村韩冲自然村，地处一南低北高的平缓坡地。鄂北地区水资源配置工程渠线从墓群北侧穿过。为配合工程建设，2016年6月，荆州博物馆对其进行了考古勘探，8月21日至9月21日进行了考古发掘工作。

此次发掘布设10米×10米探方4个，方向正南北，编号为TN1E1、TN1E2、TN2E1、TN2E2。实际发掘面积为365.5平方米（图一〇九），发掘古代墓葬22座，其中宋代墓葬1座，明、清时期墓葬21座（图一一〇、图一一一），出土陶、瓷、铜等质地的遗物42件（套）（图一一二～图一一四）。

发掘区域地层堆积较简单，以TN1E1为例：第1层为现代农业种植形成，灰褐色黏土，土质疏松；第2层判断为近现代平整土地时将明清墓葬的封土破坏后形成，灰黄色夹黑褐色黏土，土质较疏松；第3层仅分布于探方东北角，判断为宋代墓葬的封土残余，灰黄色黏土，土质较紧密。以下为灰白色黏土层，无包含物。

在发掘的这批墓葬中，发现了以瓷碗、釉陶罐组合为主的随葬品，以及墓主头部枕瓦、身下铺草木灰的葬俗，仿地面建筑结构的宋代砖室墓等，尤其是宋代砖室墓，保存了穹隆顶结构，在这一地区罕见。这些都有助于揭示该地宋、明、清时期建筑技术、文化面貌和丧葬习俗，而出土的陶瓷器、铜钱等，也为进一步建立本地区历史时期考古学文化序列提供了科学的实物标本。

图一〇九 韩冲墓群发掘区航拍图

图一一〇　韩冲墓群M10墓室顶部结构

图一一一　韩冲墓群M17

图一一二　韩冲墓群出土宋代陶罐

图一一三　韩冲墓群出土宋代剪刀纹砖

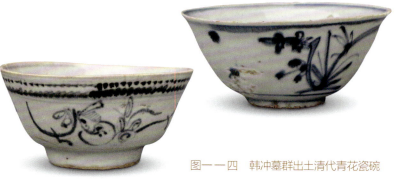

图一一四　韩冲墓群出土清代青花瓷碗

（二十一）枣阳市小孙庄遗址考古发掘工作简介

小孙庄遗址位于湖北省襄阳市枣阳市环城街道办事处孙庄村小孙庄自然村，地处一条南北向岗地。2016年7月，北京联合大学对遗址进行了考古勘探，计划勘探面积800平方米，实际勘探面积1584平方米。8月10日至9月23日，对遗址进行了考古发掘。此次发掘，按正方向布设5个探方，规格为10米×10米。依据实际情况进行扩方，发掘面积至900平方米（图一一五）。

发掘区域地层堆积分为以下几个层位：第1层，黄褐色，质地较软；第2层，红黄土，质较硬；第2层下发现东汉—明清时期的墓葬、灰坑、灰沟等遗迹（图一一六）。

此次发掘共发现墓葬12座（东汉2座、明清10座），其中，M1规模较大，有两个侧室，而明清墓葬的布局有一定规律，属本次重要发现。另有灰坑、灰沟等遗迹5处。共发现陶瓷器2件、铜钱102枚、金器3件、石贝装饰品1件（图一一七～图一二〇），其中，M1出土的汉代骨（石）质项链和汉代金手镯较为罕见。

值得注意的是，在该遗址采集有距今5万～3万年的打制石器12件，器类有砍砸器、刮削器、石核等，这些石器均为用石英岩和燧石等为原料，采用交互打击、锤击法等剥片技术打制而成。类似的器物在十堰市郧阳区、丹江口市、郧西县一带有发现。这显示了鄂西北和鄂北地区旧石器文化分布和交流的轨迹。此次旧石器的发现地点是本次考古工作中的重大发现，弥补了当地旧石器时代考古的空白。

小孙庄遗址是一处文化内涵丰富的古文化遗址，有距今5万～3万年的打制石器、新石器时代的零星器物、东汉和明清时期的墓葬。这些为研究枣阳市东汉和明清时期的葬俗、葬制提供了重要的实物资料。

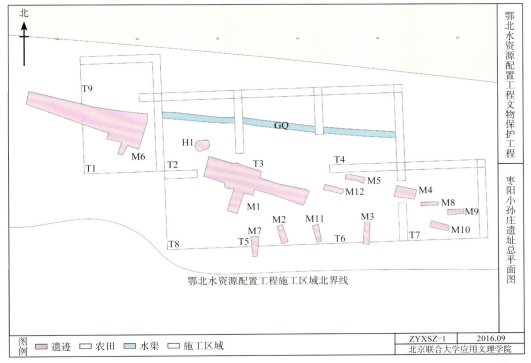

图一一五　小孙庄遗址遗迹总平面图

图一一六　小孙庄遗址M1

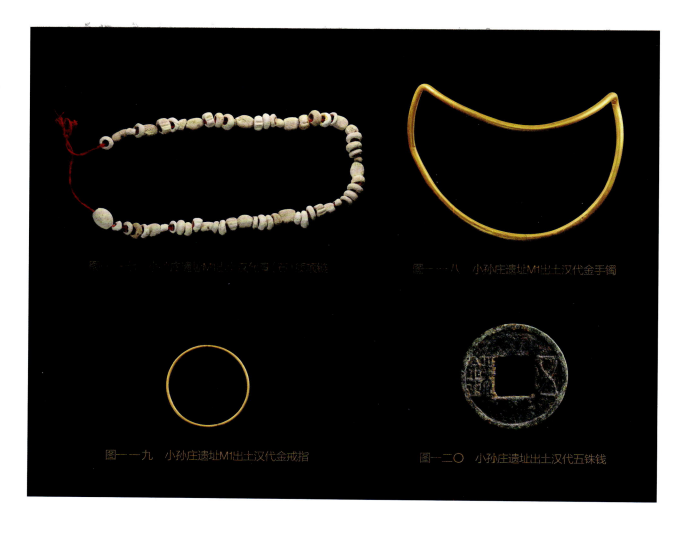

图一一七　小孙庄遗址M1出土汉代石质项饰项链　　　　图一一八　小孙庄遗址M1出土汉代金手镯

图一一九　小孙庄遗址M1出土汉代金戒指　　　　图一二〇　小孙庄遗址出土汉代五铢钱

（二十二）枣阳市白毛庄遗址考古发掘工作简介

白毛庄遗址位于湖北省襄阳市枣阳市兴隆镇优良村白毛庄自然村，处于一东南高西北低的岗地上。鄂北地区水资源配置工程渠线从遗址中北部穿过。为配合工程建设，武汉市文物考古研究所与枣阳市考古工作队联合组成考古队，于2016年6月26日至8月25日对遗址进行了考古调查、勘探及发掘工作，其中发掘工作从7月28日开始，9月14日结束。此次布设5米×5米探方4个，编号分别为T0101、T0102、T0201、T0202，发掘总面积100平方米。

发掘区域东部地层堆积较厚，西部地层堆积较薄。以T0102东壁为例：第1层为现代耕土层，灰黄色，土质疏松；第2层为近代层，黄色，土质较致密；第3层黑灰色，土质较致密，夹杂较多的红烧土、炭粒、石英砂，为明清时期文化层；第4层灰黑色，土质较疏松，夹杂较多的红烧土、炭粒，为东周时期文化层；第5层灰白色，细砂，土质较致密，为新石器时代文化层；第7层棕灰色，夹深褐色斑，土质较致密，为新石器时代文化层；第7层以下为棕色生土。

共揭示出遗迹18处，包括灰坑16座、灰沟2条。其中，第3层下清理灰坑9座，第4层下清理灰坑3座、灰沟1条，第5层下清理灰坑3座，第6层下清理灰坑1座、灰沟1条（图一二一）。出土器物主要为陶器，器类有鬲、甗、钵、豆等，陶色有红陶和灰陶，泥质灰陶多见。另外还发现少量新石器时代陶器（图一二二、图一二三）。

白毛庄遗址是在配合鄂北地区水资源配置工程建设调查勘探中首次发现，主要文化内涵为东周时期，文化层较厚，文化遗物丰富，进一步丰富了枣阳地区新石器文化及楚文化分布面貌。

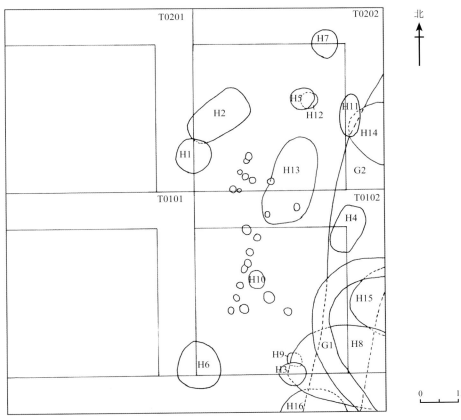

图一二一 白毛庄遗址遗迹总平面图

图一二二　白毛庄遗址H15出土陶鬲　　　　　　　　图一二三　白毛庄遗址H2出土陶钵

（二十三）枣阳市水寨子遗址考古发掘工作简介

　　水寨子遗址位于湖北省襄阳市枣阳市兴隆镇杨楼社区二组水寨子湾，地处一较四周略高的台地之上，四周环河，部分区域已被改建为鱼塘及稻田。为配合鄂北地区水资源配置工程建设，武汉市文物考古研究所与枣阳市考古工作队联合组成考古队，于2016年6月26日至8月25日对遗址进行了考古调查、勘探及发掘工作，计划勘探面积1000平方米，发掘面积100平方米。布设5米×5米规格探方4个，编号分别为T0101、T0102、T0201、T0202。

　　发掘区域东部地层堆积较厚，西部地层堆积较薄。以T0101东壁为例：第1层为现代耕土层，灰褐色土，土质较疏松；第2层为清代文化层，黄褐色土，土质较疏松；第3层为明代文化层，红褐色，土质较致密；第4A层，依据出土遗物判断应为宋代文化层，棕褐色，土质较致密；第4B层为宋代文化层，棕黄色，土质较致密；第4C层为宋代文化层，深褐色，土质较致密。

　　共揭示出遗迹2处，其中灰沟1条、瓮棺墓1座。灰沟内出土青花瓷片和乾隆通宝。瓮棺葬为在口径48厘米的坑内砌长方形砖室，用口径24厘米的泥质陶瓮为葬具，内有少量骨头，上面盖以白瓷碗（图一二四、图一二五）。宋代的瓮棺葬多见于河南，但此瓮棺的形制与河南不同，具有地方特色。

　　水寨子遗址是一处以明清文化遗存为主并包含少量宋代文化遗存的小型遗址，根据瓮棺葬随葬的瓷碗判断该墓葬的年代应在北宋早中之际，这表明，至少从宋代起，就有居民在此地繁衍生息。该遗址对研究宋代以来枣阳地区的社会面貌，具有重要的参考价值。

图一二四 水寨子遗址W1

图一二五 水寨子遗址W1出土宋代瓷碗和陶瓮

（二十四）枣阳市河南墓地考古发掘工作简介

河南墓地位于湖北省襄阳市枣阳市兴隆镇兴隆村六组，地势较高，属于河滨台地。为配合工程建设，2016年7～9月，武汉市文物考古研究所对河南墓地进行了考古勘探与发掘工作，勘探面积2000平方米，实际发掘面积500平方米（图一二六）。

此次发掘共布设探方5个，清理10座不同时期的墓葬，包括清代墓7座、宋代墓2座、战国墓1座（图一二七）。清代墓分布于T1、T2内，其中砖室墓4座（M5～M8），竖穴土坑墓3座（M1、M2、M9）。宋代砖室墓（M3、M10）均位于T4内，形制相似，土圹内砌五边形砖室，墓室有棺床，穹隆顶结构已被破坏。战国墓（M4）位于T5内，为带斜坡墓道的长方形土坑墓，墓底中部有棺椁痕迹，边箱内排列着一列随葬陶器，总计有壶形器（高领罐）4件、罐形鼎加鼎盖1套、鼎及鼎盖2套、折盘豆3件、浅盘豆3件、壶及壶盖2套、盂形器1件、敦1套、盘1件，另有1件（套）敦破损严重（图一二八）。此墓保存较好，器物组合完整，是研究楚文化的重要资料。

在前期调查和勘探中发现该地区有大量的汉代几何纹砖，发掘清理的清代墓葬也多用汉代墓砖，表明此地应有较多的汉代墓葬，但是此次发掘并未发现。另外，战国时期的墓葬一般成片集中分布，M4的周边应有更多的战国墓存在。而2座宋墓的发现则反映出当地宋代文化遗存也应该是相当丰富的。

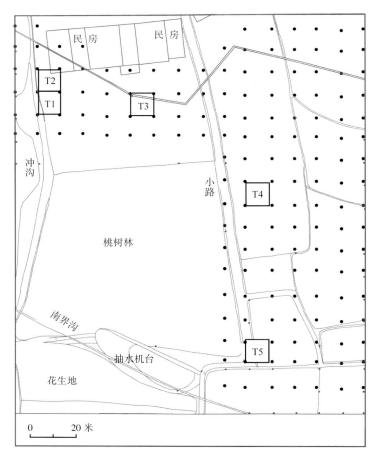

图一二六　河南墓地发掘区域总平面图

图一二七 河南墓地M4（战国墓）

图一二八 河南墓地M4出土战国陶壶和陶豆

（二十五）枣阳市小王家湾墓地考古发掘工作简介

小王家湾墓地位于湖北省襄阳市枣阳市兴隆镇刘湾村小王家湾北，地处于一南北向的岗地上。为配合工程建设，2016年6月22日至8月12日，武汉市文物考古研究所对小王家湾墓地进行了考古勘探与发掘工作。

此次发掘按正方向共布5米×5米探方2个，编号T1、T2，北面、东面以及南面均有不同程度的扩方。计划发掘面积50平方米，实际发掘面积84.25平方米（图一二九）。

共发掘墓葬5座（图一三〇、图一三一），均开口于第1层（现代耕土层）下，并打破第2层（扰乱层）和第3层（次生土层）。其中，砖室墓4座（夫妻合葬墓2座、单室墓2座）、土坑竖穴墓1座。部分墓葬人骨架尚存。出土遗物36件，包括陶罐3件、青瓷碗5件、铁灯3件、铜钱18枚、铁棺钉4枚和方形朱砂书写文字的陶买地券3件（图一三二、图一三三）。部分墓葬有壁龛，陶罐置于龛内，罐外竖立买地券，铜钱出土于骨架腰部、下肢处，似为宋代铜钱。

根据勘探和发掘，该区域墓葬分布应以明、清时期墓葬为主。另外，根据这5座墓葬的分布排列情况以及墓葬的形制，推测其应为普通阶层的家族墓地。

图一二九　小王家湾墓地墓葬分布图

图一三〇　小王家湾墓地双室砖墓M3

图一三一　小王家湾墓地单室砖墓M2

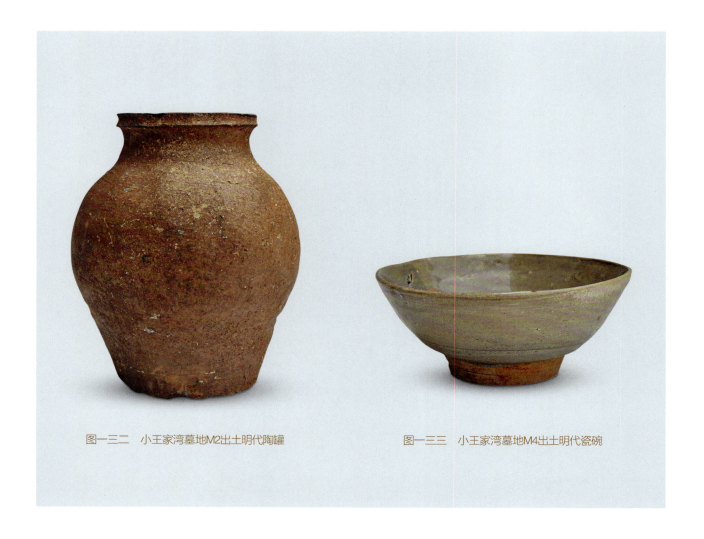

图一三二　小王家湾墓地M2出土明代陶罐　　　　图一三三　小王家湾墓地M4出土明代瓷碗

（二十六）随县狮子湾遗址考古发掘工作简介

　　狮子湾遗址位于湖北省随州市随县万福店镇黑龙口村二组，2016年7月初至10月下旬，湖北省文物考古研究所对其进行了考古发掘，北京联合大学协助进行考古勘探和航拍。计划勘探面积2000平方米，发掘面积500平方米（图一三四）。

　　发掘区域分为南北两区，北区布20米×2米探沟1条，共清理灰坑1座，时代为新石器时代；南区布10米×10米探方5个，共清理遗迹30处，其中灰沟3条、灰坑25座、墓葬1座、井1口，大部分为东周时期遗存，少量汉代遗存和明清时期遗存（图一三五、图一三六）。

　　遗址地层堆积仅可划分为1层为现代耕土层，青灰色细砂土，较疏松；第1层下为生土，为铅灰色细砂土，较疏松。

　　南区遗物有少量东周时期陶片，以泥质红陶、灰陶为主，少量夹砂红陶，纹饰以绳纹为主，可辨器形有鬲、罐、豆等，器物有楚文化特色，尤以弧裆鬲较为典型，同时这些陶器也带有一定的北方中原文化因素，如乳钉足鬲、带耳鬲的出现可能与地方特点有关。北区有新石器时代灰坑和陶片，陶片以泥质红陶、灰陶为主，少量夹砂红陶，纹饰有篮纹、刻划纹等，可辨器形有鼎、罐、擂钵等。

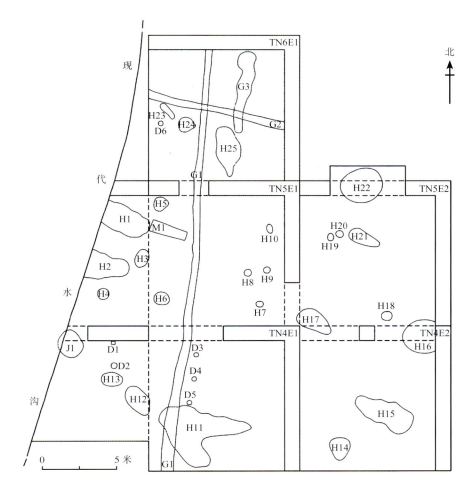

图一三四 狮子湾遗址南区遗迹总平面图

图一三五 狮子湾遗址H1出土东周时期陶豆

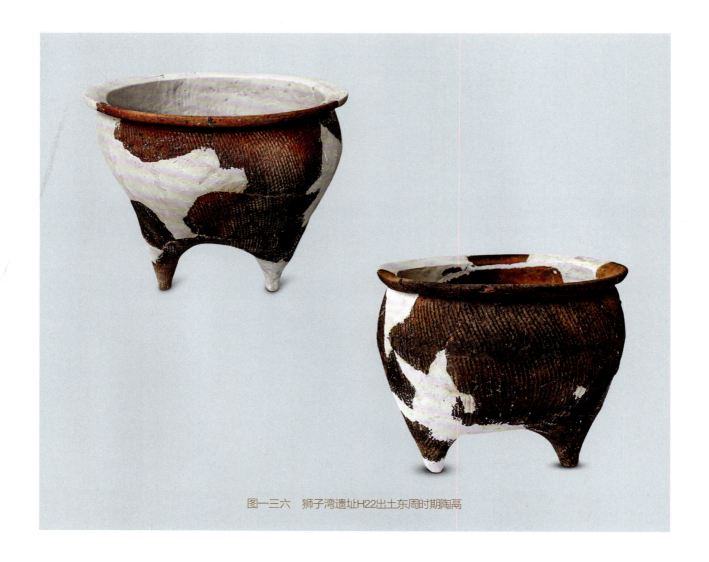

图一三六　狮子湾遗址H22出土东周时期陶鬲

（二十七）随县黄土湾墓群考古发掘工作简介

黄土湾墓群位于湖北省随州市随县万福店镇黑龙口村二组黄土湾自然村。为配合工程建设，2016年7月初至9月末，湖北省文物考古研究所对该墓群进行了考古发掘工作，北京联合大学协助进行考古勘探和航拍。计划勘探面积1000平方米，发掘面积100平方米。

墓群地层堆积仅可划分为1层，为现代耕土层，为黄褐色黏土，较疏松，夹杂少量植物根茎，包含物有零星的砖渣、碎石块。第1层下为生土，黄褐色杂有锈斑黏土，较紧密，纯净无文化遗物。

发掘揭露砖室墓1座。地面残存封土近圆形，东西长13、南北宽10、高约3米（图一三七）。地表散落许多青砖，其中少数为汉代花纹砖，多数为明清时期素面青砖，砖面上多粘有白膏泥。墓室保存状况不佳，仅存墓底北半部，墓壁建有长方形壁龛，墓壁的墓砖中杂有部分汉代花纹砖。出土遗物有釉陶罐1件和宋代铜钱7枚（淳化元宝、皇宋通宝等）（图一三八）。从墓葬形制、砖上粘白膏泥、陶罐等方面推断，该墓应为宋墓。

黄土湾墓群的发现，一定程度上更新了该区域的明代文物资料，对研究随县西北地区明代考古学文化有重要的价值。

图一三七 黄土湾墓群M1墓壁与壁龛

图一三八 黄土湾墓群M1出土釉陶罐和宋代铜钱

（二十八）随县鲁城河墓群考古发掘工作简介

鲁城河墓群位于湖北省随州市随县唐县镇鲁城河村卧云寨自然村和竹园自然村，属并项发掘项目。在勘探阶段，襄阳市文物考古研究所负责唐县镇戴家河沟、李家湾、卧云寨和竹园墓群四处文物点的勘探工作。勘探结果显示戴家河沟、李家湾两处文物点未发现文物遗迹，卧云寨和竹园墓群发现有较多墓葬，后二者位于湖北省文物保护单位鲁城河古墓群的保护范围内。襄阳市文物考古研究所报请湖北省文物局申请并项发掘鲁城河墓群（涵盖卧云寨和竹园墓群），并获批复同意。

2016年7月14日至9月30日，襄阳市文物考古研究所对鲁城河墓群进行了考古发掘工作。协议计划勘探面积4500平方米，实际完成勘探面积45200平方米；协议发掘面积500平方米，实际发掘面积600平方米（图一三九、图一四〇）。

发掘区域地层堆积可分为2层：上层耕土层为黄灰色土，土质疏松，含植物根茎；下层为纯净的黄砂土层。

在卧云寨发掘墓葬6座（M9～M14）（图一四一、图一四二），皆为砖室墓，除M9为清代墓葬，其余5座皆为汉代墓葬，另外，清理灰沟1条、灰坑5座。在竹园墓群发掘墓葬8座，其中砖室墓3座（M2～M4）、土坑墓5座（M1、M5～M8），时代皆为清代。共出土随葬器

图一三九　卧云寨墓群航拍图

图一四〇 竹园墓群航拍图

物45件，包括硬陶罐6件、铜扣7枚、铁铧1件、铜钱31枚（图一四三）。

发掘的汉代墓葬均为大型砖室墓，有长斜坡墓道、甬道、主室和侧室，M12还采用刻划纹饰的石条砌石门框。共出土随葬器物40余件（枚），包括陶灶、罐、盆、仓、圈、磨、鼎，铁镰，铜镜、饰件、铜钱等。M10出土四乳钉凤纹铜镜保存较好。另外，工作人员还在附近村民家中征集到本地罕见的汉代空心砖。这些墓葬受到北部南阳和中原丧葬文化的强烈影响，同时，墓葬规格较大，墓主人身份可能较高。

发掘的清代墓葬主要是长方形土坑墓和砖室墓，墓壁有壁龛，每墓出土1件陶罐，有的随葬铁犁。M8出土的褐釉硬陶罐，四面模印有"劝君更尽一杯酒，西出阳关无故人""万事不如杯在手，一生几见月当头"诗句和人物故事，在该地较为罕见。竹园墓群分布有一定规律，可能是家族墓地。

另外，勘探表明，鲁城河墓群范围南部区域内有东周遗址，这个新发现对完善和了解此区域的历史和文化有重要的意义。

图一四一　卧云寨墓群M12和M14

图一四二　卧云寨墓群M10出土铜镜

图一四三　竹园墓群M8出土的清代褐釉硬陶罐

（二十九）随县田坡湾墓群考古发掘工作简介

田坡湾墓群位于湖北省随州市随县吴山镇群玉村三组田坡湾东南，地势中高四周低。为配合工程建设，2016年7月下旬至9月下旬，湖北省文物考古研究所对墓群进行了考古发掘工作。布方面积为2100平方米，布置10米×10米探方21个，实际发掘面积约1100平方米（图一四四）。

发掘表明，墓群地层堆积大致分为1层，为表土层，灰褐色土，夹杂大量砂子和石块，土质坚硬，疏松，含有较多植物根茎、现代生活垃圾和少量碎砖块等。表土层下为黄褐色生土，较纯净，土质较硬，黏性大。

遗迹主要是墓葬12座（图一四五、图一四六），其中西区6座，依次编号为M5～M10，皆为砖室墓；东区6座，依次编号为M1～M4、M11、M12，除M12为土坑墓外，其余5座皆为砖室墓。M3～M9和M10的年代应为东汉末至三国时期，M11和M12的年代应为明清时期。M1和M2因缺乏确切的断代依据，年代尚有待研究。

图一四四　田坡湾墓群发掘区航拍图

图一四五　田坡湾墓群M3

图一四六　田坡湾墓群M5

　　东汉末至三国时期墓葬形制有长方形、"中"字形，带墓道、甬道和前后室。M3和M4两座墓的排水沟尾部有意连在一起，M4的排水沟从甬道底砖下引出，与南京江宁上坊孙吴墓排水沟的设置形式十分接近。这类做法在鄂州、三峡地区也可见到。出土遗物有带盖陶鼎1件、彩陶耳杯1件、陶钵1件、陶盆1件、陶磨盖1件、陶碓和带盖陶仓各1套、陶灶1件、陶甑盖1件、陶井1件、陶罐1件、陶奁1件、陶猪1件、陶鸡2件、陶狗2件、铜镜1件、五铢钱1串以及少量陶片等（图一四七、图一四八）。成片分布的三国墓在本地不多见。

　　明清时期墓葬多有龛，出土瓷碗和陶罐组合。其文化特征与周边地区相似。

　　该地区发现的古代墓葬十分稀少，而且尚未进行过大面积的考古发掘以全方位地揭示该地区的古代文化面貌，因此，田坡湾墓群对了解该地区汉代以后的文化面貌、社会生活和丧葬习俗，深入研究鄂北乃至整个湖北地区的古代文化、丧葬习俗和社会变迁，都具有十分重要的意义。

图一四七　田坡湾墓群M5出土陶盆和陶甑

图一四八　田坡湾墓群M5出土陶猪和铜镜

（三十）曾都区张家湾墓群考古发掘工作简介

张家湾墓群位于湖北省随州市曾都区万店镇新中村七组张家湾（小河沟）村中一处邻河的凸形岗地，南对岩子河。岗地呈南北走向，北宽南窄。2016年6月中旬至9月底，咸宁市博物馆对该墓群进行了考古发掘。计划勘探面积1000平方米，发掘面积100平方米；实际完成勘探面积4600平方米，发掘面积100平方米（图一四九）。布置10米×10米探方2个，实际只发掘了西半部，即2个10米×5米。

发掘表明，墓群地层堆积可分为5层：第1层为表土层，灰褐砂土；第2层为黄色黏土；第3层为黄褐砂土，微黏；第4层为黑褐砂土，微黏；第5层为红黏土。

发掘遗迹共5处：墓葬3座（2座砖室墓、1座土坑墓，编号为M1～M3）、灰坑1座、近现代房基1座（图一五○、图一五一）。遗物包括墓葬出土遗物及地层出土遗物（图一五二、图一五三）。墓葬出土遗物共9件，包括陶器5件、瓷器4件。其中M1出土器物5件，包括陶盆1件、陶壶1件、陶罐1件、青花瓷碗2件，年代皆为明代；M3出土器物有瓦2块、青花瓷碗2件（一对），年代皆为明代。地层出土若干明清、宋、汉魏时期陶、瓷片。

此次发掘，在一定程度上了解了随县汉魏、宋、明清时期历史文化面貌、社会经济交往、丧葬习俗等方面内容，这是研究随枣走廊文化不可或缺的资料。

图一四九　张家湾墓群航拍图

图一五〇 张家湾墓群M1（南—北）

图一五一 张家湾墓群M3（西—东）

图一五二　张家湾墓群M1出土明代青花瓷碗

图一五三　张家湾墓群M3出土明代青花瓷碗

（三十一）曾都区杨家河墓群考古发掘工作简介

杨家河墓群位于湖北省随州市曾都区万店镇新中村七组张杨家河湾中一处邻河的长条形岗地，东边紧贴岩子河，南端为邻河台地。2016年7月下旬至9月下旬，咸宁市博物馆对其进行了考古发掘，计划勘探面积2000平方米，发掘面积300平方米；实际发掘面积430平方米，分四个发掘区，共布10米×10米探方5个。

据发掘情况，墓群地层堆积可分为4层：第1层为现代表土层；第2层为现代建筑堆土层；第3层分为A、B两层：A层应为房屋废弃后的堆积，B层应为房屋建筑堆积；第4层为东周时期古代人类在此台面烧陶或冶炼形成的工作面。

遗迹主要有墓葬15座。其中砖室墓10座，多为南朝至隋代墓葬，2座为明代墓葬；土坑墓3座，年代推断为清代；砖石混合墓1座，年代应为明代；石板墓1座。房基1座，年代应为清代中期。灰坑1座，年代应为东周时期（图一五四、图一五五）。出土遗物共38件，有青瓷碗、青瓷盘口壶、青花瓷碗、青瓷四系罐、陶碗、陶罐、铜钱、铜饰、铁器、漆器等（图一五六、图一五七）。

此次发掘弄清了该地汉魏及明清时期墓地的分布规律与墓葬形制结构特点，并从墓葬随葬器物的形态与组合的演变确定了年代序列和文化特征。

图一五四　杨家河墓群M1

图一五五　杨家河墓群M12

图一五六　杨家河墓群M11出土南朝青瓷四系盘口壶和青瓷碗

图一五七　杨家河墓群M12出土明代青花瓷碗和陶罐

（三十二）广水市机场村遗址考古发掘工作简介

机场村遗址位于湖北省随州市广水市蔡河镇灯岗村和机场村，前者分布有遗址区（A区），后者分布有墓葬区（B区）。遗址区位于由北而南汇入应山河的两条支流交汇处的二层台地之上；墓葬区位于下游应山河以西约20米的台地之上；两处台地均呈不规则长方形。2016年8月13日至9月27日，湖北省文物考古研究所对其进行了考古发掘，计划勘探面积3000平方米、发掘面积1000平方米；实际发掘面积700平方米，其中遗址区（A区）布10米×10米的探方3个，发掘面积300平方米（图一五八），墓葬区（B区）布10米×10米的探方4个，发掘面积400平方米（图一五九）。

遗址区（A区）地层堆积共分为2层：第1层为耕土层；第2层为近现代扰乱层，新石器时期和东周时期的灰坑皆开口于此层下，打破生土层。相关遗迹有近现代扰沟3条、近现代扰坑4个、近代柱洞16个、近现代墓葬3座、新石器时期灰坑6座和东周时期灰坑2座。主要出土遗物以陶片为主，另外亦有零星石质生产工具出土，时代应为新石器时期。陶片可辨器形器类有炊煮器陶鼎、陶鬲、陶釜；盛储器陶罐、陶豆、陶盘、陶瓮、陶杯、陶鬶、陶碗；研磨器刻槽陶盆；生产生活器陶纺轮、陶刀、陶塑等。石质生产工具器形器类有石斧、石锛、石刀、石镰、砺石等。墓葬区（B区）墓葬皆开口于地表耕土层之下，打破生土层。共清理墓葬11座，皆为竖穴土坑木椁墓，年代为春秋晚期到战国早期。带壁龛墓葬4座，不带壁龛墓葬7座（图一六〇）。出土遗物有陶杯、陶斗、陶敦、陶鬲各2件，陶罐3件，陶壶、陶豆各6件，陶盂、陶鼎各7件（图一六一、图一六二）。

由于土地改造运动，遗址区之前所在的岗地地势比现在高。因而，遗址区的地层堆积皆为后来的次生堆积，所以会出现新石器时期文化遗物与东周时期文化遗物混出于同一灰坑当中的现象。

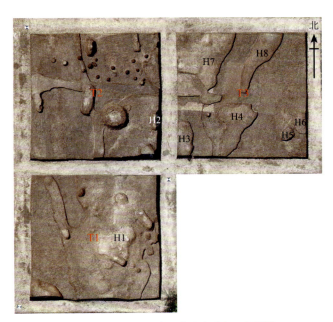

图一五八 机场村遗址遗址区（A区）遗迹分布正射影像

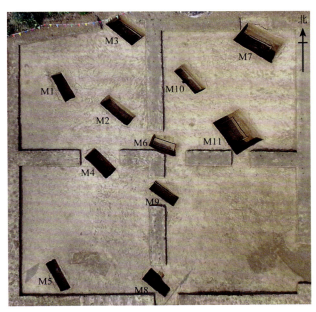

图一五九 机场村遗址墓葬区（B区）墓葬分布正射影像

图一六〇　机场村遗址墓葬区（B区）M6

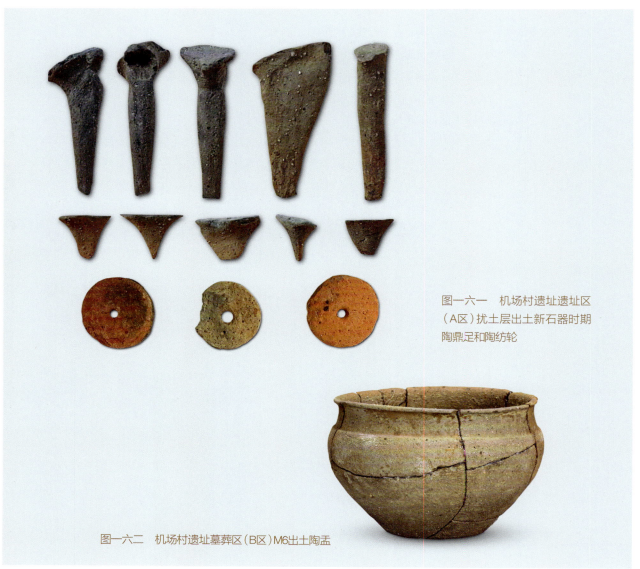

图一六一　机场村遗址遗址区（A区）扰土层出土新石器时期陶鼎足和陶纺轮

图一六二　机场村遗址墓葬区（B区）M6出土陶盂

（三十三）广水市大汪家湾墓地考古发掘工作简介

大汪家湾墓地位于湖北省广水市余店镇双河村十组，分为南区与北区。南区小地名庙儿坡，为地势北高南低的丘陵坡地。北区为地势北高南低的丘陵岗地，较平坦。该墓地位于工程正线范围内，为恩施州博物馆在勘探照墙湾、叶家湾、河口湾墓地时新发现的文物点，有价值较大的北周至隋代墓地。经湖北省文物局批准，恩施州博物馆停止发掘照墙湾、叶家湾、河口湾墓地，调项至大汪家湾墓地进行发掘，计划发掘面积为460平方米（260平方米为照墙湾、叶家湾、河口湾墓地的原定发掘面积，200平方米为新增面积）（图一六三、图一六四）。

共发掘清理墓葬52座，其中2座为东汉时期，其余均为南北朝时期（图一六五、图一六六）。墓葬形制有长方形土坑竖穴砖室墓和梯形墓葬，分单室和双室，墓壁有壁龛，墓壁多采用"顺丁混用式"砌筑，墓底铺两层砖，上层为墓床，采用"人"字纹平铺；下层采用"单砖平铺"。共出土金器、银器、玛瑙器、琉璃器、铜器、铁器、瓷器、陶器等随葬品154件（套）（图一六七、图一六八）。金器有金片；玛瑙器为大小不等、颜色各异的串珠，是装饰品；瓷器多为南方产的青瓷盘口壶、罐、碗等。北区M8出土的五行大布铜钱是北周铸造，属于北方系统。个别墓葬出土隋五铢。

图一六三　大汪家湾墓地南区墓葬分布图

图一六四 大汪家湾墓地北区墓葬分布图

图一六五 大汪家湾墓地北区M5

图一六六 大汪家湾墓地北区M13

  这批墓葬成排成列分布，很少存在打破关系，应是一处家族墓地。同时，带有鲜明的南北文化交流特色。出土玛瑙串珠、琉璃串珠的颜色、质地与湖北省鄂州市六朝墓葬所出大不相同，但与北朝墓葬所出有类似之处，而北朝墓葬出土者多来自西域，因此不能排除此类器物来自西域。另外，有些粟特人的墓葬也是使用细窄长方形（有的为梯形）。不过此一问题仍然需要进一步研究，细窄长方形墓葬在鄂州六朝早期墓比较多见，那时西域人（包括粟特人）有到达武昌的，但未必大量进入。

  通过本次考古发掘，了解了该地区在汉代及南北朝时期的历史文化和丧葬习俗，在一定程度上弥补了该地区南北朝时期研究的空白，具有重要的学术价值。

图一六七　大汪家湾墓地北区M17、北区M15出土青瓷四系罐和青瓷壶

图一六八　大汪家湾墓地北区M24出土玛瑙串珠

二、考古工作成果综述

在细致调查、勘探、评估的基础上，此次考古发掘最终确定了33处文物点。18家省内外项目承担单位、33支考古工作队伍在2016年7～12月完成了各文物点的调查、勘探、发掘、室内整理、报告提交等工作。考古工作取得巨大成果，各单位勘探总面积达170余万平方米，协议总发掘面积13100平方米，实际总发掘面积达到19398.75平方米，发掘清理出自新石器时代到明清时期墓葬244座，房址、窑址、灰坑、灰沟、井、灶、路等其他遗迹543处，各时代各种材质的文物（陶、瓷、铜、铁、金、银、玉、石、玛瑙、骨器等）超过5万件（不完全统计），其中较为珍贵的小件文物2360件。这些为研究湖北地区历史与文化提供了丰富的一手资料，价值巨大。以下按照时期进行分段综述。

（一）旧石器时代

本次考古工作新发现了两处旧石器时代地点：襄阳市襄州区河里杜家墓地和枣阳市小孙庄遗址。这是在前期调查和勘探工作中未有的新发现。

襄州区河里杜家墓地的一个新石器时代灰坑中出土了用黑色燧石制成的刮削器（H15③：2），其大致呈不规则圆形，中央较厚，四周边缘部分较薄，刃部锋利，制作精美，当是切割动植物制品的重要工具。

枣阳市小孙庄遗址文化内涵丰富，兼有旧石器和新石器两个时代的遗存。遗址采集有距今5万～3万年的打制石器12件，器类有砍砸器、刮削器、石核等（图一六九），以石英岩、燧石等为原料，采用交互打击、锤击法等剥片技术打制而成。类似器物在十堰市丹江口市田家岭墓群和十堰市郧阳区、郧县一带均有发现。这显示了鄂西北和鄂北地区旧石器文化分布和交流的轨迹。

以上这两处旧石器时代地点是本次考古工作的重大发现，也是当地首次发现旧石器时代地点，弥补了当地旧石器时代考古的空白。一般认为，旧石器时代的人群多生存在水边、有

图一六九 小孙庄遗址采集旧石器时代砍砸器

茂密森林的山地或相对高度较高的岗地洞穴里，湖北省丹江口库区及以西的汉水及其支流即如此，恩施一带的鄂西亦如此。此次在海拔相对较低的平原与山地相结合的过渡性岗地地带发现该时期的遗物，改变了我们对该地区旧石器时代生存环境和文化的认识。

但在这两处地点尚未发现该时代的地层和遗迹以及共存物，因此，无法了解当时人的居址、生活环境，以及生活水平、生产技术发展和文化交流水平等。

（二）新石器时代

新石器时代遗址包括襄阳市老河口市长尺地遗址、老河口市上河遗址、襄州区河里杜家墓地、枣阳市小孙庄遗址、枣阳市白毛庄遗址，随州市随县狮子湾遗址、广水市机场村遗址等7处。这七处遗址在鄂北水资源配置工程线路区域中呈现较均匀的散点分布状态，大致属于新石器时早、晚两个不同时期。

1. 新石器时代早期

仅1处，即襄阳市襄州区河里杜家墓地。该墓地发现新石器时代遗迹27处，其中壕沟1条、灰坑26座。

壕沟平面为不规则长条形，包含物有夹砂红陶片、泥质红陶片和黑陶片、红烧土块及一些黑色灰烬。灰坑平面多为圆形或不规则圆形，包含物基本一致。有的灰坑可能曾作为窖藏坑使用。出土有陶片、兽骨、石器、炭末、石工具等遗物（图一七〇）。

在出土陶片中，夹砂红陶占66.4%，泥质黑陶占17.8%，泥质红陶占14%，夹砂黑陶占1%，泥质灰陶仅占0.8%，均素面无纹。夹砂陶火候较低，质地疏松，所夹砂均较细。可辨器类，夹砂陶器有鼎、罐，泥质红陶和泥质黑陶器多为钵和碗，可能

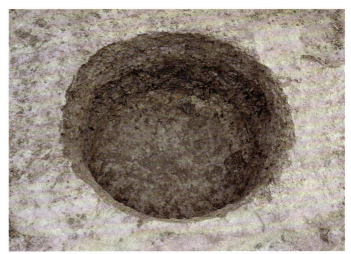

图一七〇 河里杜家墓地H17及出土石磨棒和黑陶器

有少量的平底罐类器，另外发现的器足可能是鼎足或三足钵和碗的足。罐（鼎）口沿多侈口圆唇，另有少量的高领罐口沿，均为夹砂红陶。石制品有磨制的磨棒、磨盘、斧、刀、球状物等，磨制光滑。

经过初步整理，这些陶片器类简单，制作不够规整，一些陶片内部可见泥条盘筑留下的痕迹，均显示出早期较为原始的阶段发展特征。遗址出土的陶三足器、石制工具如石磨盘、磨棒与河南地区舞阳贾湖遗址、新郑裴李岗遗址、唐户遗址所出同时期遗物类似，因此初步认定这些遗迹遗物属于新石器时代早期，即距今应超过7000年，其文化性质可能与裴李岗文化的南下有关系。

目前，同时期鄂北地区的新石器时代早期遗存，尤其是与中原和汉水上游关系密切的遗存，发现还比较少。该遗址的发现对构建和完善该地区新石器时代早期文化谱系有重要学术价值。

2. 新石器时代晚期

这一时期的遗址主要有襄阳市老河口市长尺地遗址、老河口市上河遗址、枣阳市小孙庄遗址、枣阳市白毛庄遗址，随州市随县狮子湾遗址、广水市机场村遗址等六处。

老河口市长尺地遗址发掘面积较大，发现了非常丰富的遗迹，共44座灰坑、3条灰沟，暂未发现居址、手工业区、墓葬区等其他功能区。灰坑平面形状有椭圆形、不规则形、圆形、长方形，以椭圆形为主；多为弧壁和斜壁，少量直壁，底有平底、圜底、近平底，以圜底灰坑居多。灰沟平面形状均呈长条形，其中G1、G2均为直壁平底，G3为弧壁平底。出土遗物有陶器、石器等，其中以陶器为大宗。陶器质地分为泥质陶和夹砂陶两大类，陶色有灰陶、红陶、褐陶、黑皮陶等，以泥质灰陶为主，次为夹砂灰陶、夹砂褐陶、泥质红陶，少量泥质黑陶。纹饰多样，有篮纹、网格纹、附加堆纹、凸弦纹、绳纹、素面、按窝纹、几何纹等，以篮纹为主，素面次之。篮纹有竖向篮纹、斜向篮纹、交错篮纹，以交错篮纹为主。器类以日用陶器为主，常见有陶鼎、陶罐、陶盆、陶豆、陶瓮、陶鬶、陶盘、陶钵、陶碗、陶器盖、陶器座，以陶罐和陶鼎为主，少量陶制生产工具，如纺轮等。石器有石斧、石锛、石铲、石刀、石凿、石球、石镰等。结合所出遗物，可以看出长尺地遗址遗存均统属一个时期。H36、H6等典型单位出土的高领罐、扁足鼎与邓家湾遗址石家河文化Ab型高领罐，B型Ⅲ、Ⅳ式鼎类似，据此推断长尺地遗址应为新石器时代晚期石家河文化二期的聚落遗址。

枣阳市白毛庄遗址第5～7层为新石器时代地层，第5层下清理灰坑3座，第6层下清理灰坑1座、灰沟1条。地层和遗迹内出土的遗物与长尺地遗址接近。

广水市机场村遗址发现新石器时代石家河文化晚期到夏代灰坑6座。遗存面貌与上述遗址略有差异。主要出土遗物以陶片为主，亦有零星石质生产工具。陶片可辨器类有炊煮器类的陶鼎、陶甗、陶釜；盛储器类的陶罐、陶豆、陶盘、陶瓮、陶杯、陶鬶、陶碗；生产工具类的研磨器刻槽盆（图一七一）、陶纺轮、陶刀等。石质生产工具器类有石斧、石锛、石刀、石镰、砺石等，另外，还出土武器类石矛1件。在出土的所有陶片遗物当中，以各种形制的鼎足最具特色，有宽体扁状足、鸭嘴状足、长锥状足、尖锥状足、圆柱平底状足、鱼鳍状足、羊角状足等。纹饰以篮纹、绳纹、方格纹为主，另外可见部分叶脉纹、弦纹、刻划纹、压印纹、附加堆纹等纹饰。陶质总体来说以夹砂陶为主，烧制火候较高，陶质较硬，泥质陶鲜见；陶色以灰色、红褐色为主，少量器表饰有黑色陶衣，另外，亦可见部分磨光黑皮陶；制法以轮制为主，不少器物残片内壁、底部见有慢轮修整痕迹。通过对出土典型陶片标本分析

图一七一　机场村遗址出土各类刻槽器陶片

可知，其主体内涵包括河南龙山文化、夏代早期二里头文化、石家河晚期文化及本土文化四类不同的文化因素。主体年代大致可定为石家河文化晚期到夏代。遗址年代跨度长，文化内涵丰富，文化序列全面，是目前广义上的随枣走廊东部地区广水地区的首次重大考发现。

老河口市上河遗址第3层为新石器时代文化层，共清理灰坑9座、灰沟2条。出土陶器以泥质灰陶、夹砂红陶、泥质红陶为主，烧结程度较差，尤其是泥质陶片，薄且易碎。多为素面或带有篮纹。可辨器形有陶鼎、陶罐、陶豆、陶器盖等，其中带有按窝的扁状侧状鼎足和高领罐较有特点。这类器物组合的出现并不是石家河文化的自然延续，而是中原嵩山南麓地区的王湾三期文化煤山类型南下后形成的。随县狮子湾遗址也发现了与此类似的文化遗存，这为考察随州西北地区乃至整个随枣走廊新石器时代考古学文化的发展演变及其与周邻地区的相互关系提供了物证。

总之，此次新石器时代遗址虽然较少，但是发现的各类遗迹和遗物的类型和数量很丰富，文化面貌多样，从早期的裴李岗文化到晚期的石家河文化都有。

鄂北地区位于汉水中游北缘一带，与陕西和河南接壤，是南北文化交汇地带。目前该地区发现的石家河文化时期遗址主要集中在十堰境内，如郧阳区中台子遗址[①]、郧西县廒家湾遗址[②]等。长尺地遗址、白毛庄等遗址是十堰以东地区首次发掘的新石器时代遗址，具有重要的学术价值；其文化面貌既有中原文化特征又有江汉地区文化因素，反映出汉水中上游文化与周边文化相互渗透、相互交融，从而发展出一种具有区域文化特征的地方文化，这对研究汉水流域该时期文化的分布与发展提供了重要的实物资料。

---

① 湖北省文物考古研究所：《湖北郧县中台子遗址发掘报告》，《江汉考古》2011年第1期。
② 湖北省文物考古研究所、湖北省文物局南水北调办公室、郧西县博物馆：《湖北郧西廒家湾遗址发掘报告》，《考古学报》2013年第1期。

值得注意的是，此次还发现有丰富的王湾三期文化（煤山类型）、夏代早期二里头文化遗存，这表明文化交流不仅是从南阳盆地到襄宜通道，而且也从桐柏山东部的山间孔道直接南下达到，它们与本地区石家河文化相互交融、相互渗透、相互发展，形成鄂北地区岗地新石器晚期聚落生动活泼的文化景观。这样新的发现大大突破了我们传统上对中原与江汉平原新石器文化交流方式的认知。

（三）两周时期

发现两周时期遗存的有襄阳市老河口市南大堰遗址、上河遗址、上寨遗址、墓子地遗址、小王堰遗址、熊河老营子遗址，襄州区宋湾遗址，枣阳市白毛庄遗址、河南墓地；随州市曾都区杨家河墓群、随县狮子湾遗址、广水市机场村遗址等12处。这些遗址绝大多数是居址，只有枣阳市河南墓地和广水机场村遗址发现有墓葬。

老河口市小王堰遗址发现周代灰坑3座（H6、H10、H11）、灰沟1条（G2）。布局较为散乱。灰坑可分为不规则圆形、椭圆形及不规则椭圆形、方形、长方形及梯形等类型，填土为灰褐色黏土，土质致密，含木炭、烧土，出土陶片以夹砂红陶为主，器形有陶豆、陶罐、陶鬲、陶纺轮、石凿、残铜削刀等。H10出土的陶盆与枣阳市周台遗址J3∶4之A型Ⅲ式盆较相似、陶甗与枣阳周台遗址J3∶13之Ⅱ式甗相似，H10出土的豆也与枣阳周台遗址三期豆类似，周台遗址的三、四期为春秋中、晚期，同时H10的乳状袋足鬲为中原西周时期鬲的遗风，与中原西周文化有密切关系，但其也有弧裆的特征。因此小王堰遗址年代当在西周晚期到春秋时期，这次是此次工程中发现最早的周代遗存。

襄州区宋湾遗址共发掘灰坑15座、井2口、灰沟1条，出土陶器（陶片）近千件（片）。器类多见鬲、豆、盆、罐、甗，少见鼎，不见折肩罐、簋；纹饰以细绳纹、中绳纹多见，少量弦纹、附加堆纹。另有少量石器、骨器、兽角等。该遗址是白河西岸一处重要的两周时期聚落遗址，出土陶器类型与襄阳黄集小马家遗址、真武山较为接近。其地年代约当西周晚期至春秋晚期，现存遗址的早期地层以邓文化因素居多，晚期地层应属楚文化范畴。宋湾遗址对我们进一步认识和了解该地区楚文化与邓、申等中原文化的融合交流与发展有着重要的意义。

春秋晚期至战国时期的遗址较多，有老河口市南大堰遗址、上河遗址、上寨遗址、墓子地遗址、熊河老营子遗址，襄州区古驿宋湾遗址，枣阳市白毛庄遗址、河南墓地，曾都区杨家河墓群，随县狮子湾遗址，广水市机场村遗址等。居址发现的遗迹有房址、窖藏、灰坑、沟、井等。遗迹类型和数量多、面积较大且有一定布局的遗址有两处，即南大堰遗址和上寨遗址。

南大堰遗址战国时期的遗迹包括房基、灶、水井、灰坑、灰沟等，聚落体现出一定的规划性。房基有4座（图一七二），平面均呈残长方形，均保存墙基残段及若干圆形柱洞。墙基残15～40、深2～10厘米，填土为浅灰色土夹杂黄褐色土。柱洞直径25～35厘米，填土浅灰色，其中D1位于F1西侧基槽中部，其内发现有木屑，底部有一片较厚的板瓦。房基东北部有一椭圆形灶，F1、F3、F4大致围城长方形三合院落，门道似乎在西部。

在房基东部，分布有数个圆形窖穴，坑壁较规整，如H6、H24、H25、H56，可能为储藏遗迹。房基附近发现砖砌水井1口（J1），平面呈圆形，直壁，平底。井直径约68厘米。井内壁有陶井圈，每圈由4块陶井圈构成，井圈厚约2、长约43.5、高约40厘米。井圈厚重、

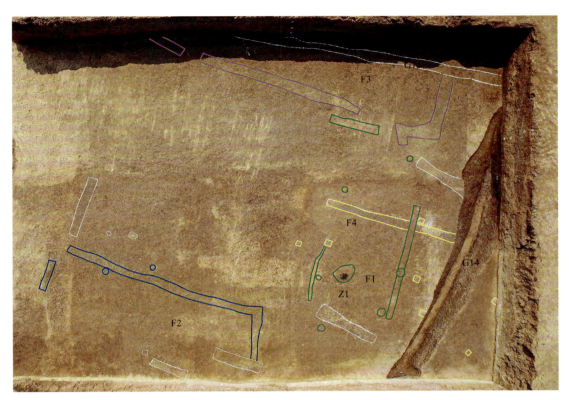

图一七二 南大堰遗址F1~F4航拍图

高大，且不变形，显示了当时高超的制陶技术水平（图一七三）。遗址出土的陶器器形有鬲、盆、罐、豆、盂、砖、瓦等，以及残玉。其中，G11出土的盆（G11：2、G11：7）、罐（G11：11、G11：13）、盂（G11：1）分别与郭家岗遗址Ⅹ式盆、B型Ⅳ式罐、B型Ⅵ式盂类似[1]，H5出土的罐（H5：8、H5：3）分别与邓城韩岗遗址C型Ⅳ式罐[2]、郭家岗遗址A型Ⅷ式罐相似，故将此期定为战国中晚期。

残玉的出土说明该遗址的等级并不低。此次发掘区域位于遗址的西南部与东南部，根据考古发掘成果，初步推断南大堰遗址主要为一处战国中晚期的中小型聚落遗址。发现的4处房址布局较为清晰，是鄂北地区首次发现的结构较为完整的战国中晚期房址，对于研究该地区东周时期聚落布局形态、聚落变迁有着重要价值。

上寨遗址地层堆积包含3层，第3层是东周时期文化层，该层下遗迹有红烧面2处、灰沟3条、灰坑35座、井1口、窖穴1处、墙基3处、灶2座、柱洞112个。F2布局规整，在探方的东中部有9个柱洞围成一个规整的长方形的房子，东西各有对称的4个柱洞形成一条直线，柱洞大小和深浅均一致，居住面平整，房内发现灰坑和灶坑，出土泥质灰陶片。房子外围有若干个灰坑（图一七四）。

F4是由D107~D135共28个柱洞组成，堆积情况为条状带形，近长方形单间，平面形状为

---

[1] 武汉大学历史系考古教研室、湖北省宜城市博物馆：《湖北宜城郭家岗遗址发掘》，《考古学报》1997年第4期。

[2] 湖北省文物考古研究所、襄樊市博物馆：《湖北襄阳邓城韩岗遗址发掘报告》，《江汉考古》2002年第2期。

图一七三　南大堰遗址 J1 及井壁陶井圈

"凸"字形，土质颜色为灰色土，质地较硬，未发现遗物。其周围有灰坑若干个。

　　该遗址共出土各类完整、可修复和可辨器形器物（小件）113件，其中石器类8件，有斧、镰、拍，均经过磨制；陶器类修复24件，器类有豆、鬲、缸、罐、盆、钵、拍、埙等；铜器类9件，有带钩、勺、环、簇、刀币、冥币等，涉及装饰、武器、货币交换等多方面的内

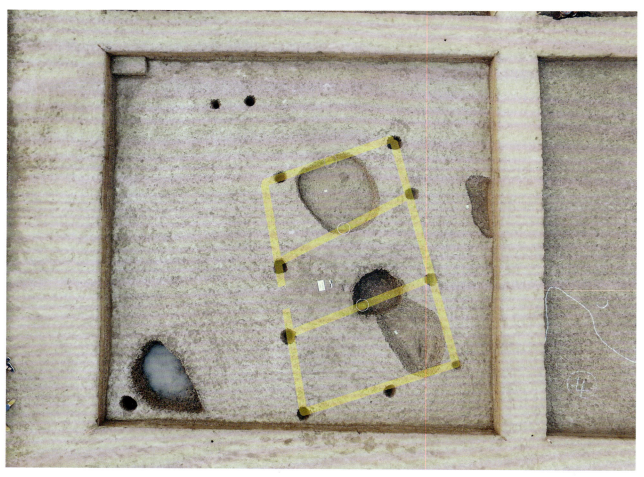

图一七四　上寨遗址 F2 航拍图

图一七五 上寨遗址H48出土铁锸

容；铁器类54件，有舌、刀、铁钉、铁斧、镢、镶以及不知名残铁件等（图一七五），为农业生产、加工工具和武器；其他18件，有龟甲、玛瑙串珠等。从陶器的器形、器类、装饰以及制作特点来看，该遗址的年代在战国时期；结合房屋等的建筑技术和特点来看，其文化属性是属于较为典型的楚文化系统。

该遗址铜器和铁器出土数量之多、类别之丰富是此次工程周代遗址发掘中收获最大的，它真实地反映了当时铁器和铜器制造的技术水平。众所周知，铁器的出现和初步普及就是在春秋时期，多发现于长沙地区，到战国时期逐渐扩大普及到楚国及中原地区。因铁器具有硬度大、耐磨损的优点，使其在以后逐渐代替了铜器工具，尤其在农业和手工业生产领域，其出现进一步提高了农业生产和手工业生产的效率。但因冶铁原料缺乏、冶炼和铸造技术难度大，各地区拥有和掌握铁器及其铸造技术的人群是有限的。江陵九店东周墓葬共整理600座墓，仅出土铁器7件[①]。此次发现的不知名残件比例很大，正说明它的稀缺和加工难度之大，它的使用并非人人可以享有。此外，该遗址发现有等级比较高的玛瑙串珠、铜带钩等，说明该遗址等级不低；青铜刀币也是罕见的发现，这类器物通常在中原北方地区的齐、燕、赵等国使用，说明了中原列国文化对楚文化的影响。

上寨遗址是老河口市市级文物保护单位，虽然发掘面积仅有1025平方米，但发掘区位于遗址的中心位置，出土大量东周时期遗迹和遗物，尤其是发现3处东周时期的房址，以及与之共存的灰坑、灶、窖穴、水井、水沟配套的生活居住设施，对研究东周时期这一地区聚落形态具有重要意义。

老河口市上河遗址、枣阳市白毛庄遗址、随县狮子湾遗址、广水市机场村遗址等都发现了数量不等的东周时期地层、灰坑、灰沟、井和残房基，出土数量较多的陶器、石器等遗物。陶器可辨识器形有豆、鬲、瓿、罐、钵、鼎、盂等，陶质以夹砂灰陶为主，夹砂红陶其次，少量磨光黑衣陶，红陶少见，纹饰以绳纹为主，偶有素面等，其文化也带有浓厚的楚文化特征，尤以弧裆鬲较为典型。狮子湾遗址南区的陶乳钉足鬲、带耳鬲的出现可能与地方特点有关。以上四个遗址的发现进一步丰富了襄阳、随州地区楚文化分布面貌。

---

① 湖北省文物考古研究所：《江陵九店东周墓》，科学出版社，1995年，第259页。

图一七六　河南墓地M4出土陶器

　　在枣阳市河南墓地还发现了一座带有墓道的战国长方形竖穴土坑墓（M4），长3.1、宽3.1、深3米，墓室内壁陡直，边界清晰，墓底中部有棺椁痕迹，边箱内排列着一列随葬陶器。总计有壶形器（高领罐）4件、罐形鼎加鼎盖1套、鼎及鼎盖2套、折盘豆3件、浅盘豆3件、壶及壶盖2套、盂形器1件、敦1套、盘1件，另有1件（套）敦破损严重，无法复原。根据出土器物的形制判断，应为战国中期的墓葬（图一七六）。

　　随州市广水市机场村遗址发现东周时期墓葬区，共清理墓葬11座（图一七七～图一七九），皆为竖穴土坑木椁墓。其中带壁龛的墓葬4座，大多规模较小，单棺或无棺，壁龛皆位于墓室西壁，略高于棺位线，壁龛形制均为圆角长方形，大小根据随葬器物而定，随葬器物置于壁龛之内，随葬器物组合为陶鬲、陶盂、陶罐，盂、罐之上往往放置一个豆盘作为器盖，可见其是作为实用器随葬，且组合较为固定；不带壁龛的墓葬7座，有一棺一椁，随葬器物置于棺椁之间。其随葬器物均为仿铜陶礼器，器物组合为鼎、敦、豆、壶等，并且往往成套出现，陶器表面大多施黑色或橙黄色陶衣，组合亦较为固定。人骨保存较差，大部分呈粉末状。从墓葬形制、陶器器物组合特点及器形特征判断该墓葬区的具体年代大致为春秋晚期到战国早期。随葬器物的组合特征显示为典型的楚式墓葬随葬器物组合风格。小墓当中设置壁龛以放置随葬器物这一特征亦为湖北地区小型楚墓的常态；最值得关注的是，墓葬所出陶壶无一例外均在壶腹下装三个乳状足，呈三角对称分布，这一器物风格为同时代邻近地区所不见。

　　总之，该地两周时期的考古学文化主要以春秋战国时期的楚文化为主，同时也受到中原文化、秦文化、齐鲁文化的影响。该地楚文化面貌以陶器文化为主，青铜文化次之，铁器文化极少。居址内多用挖基槽的方法建设房屋，房屋开间不大，深井的使用比较普遍，显示了这一地区特殊的生产条件和技术。

图一七七　机场村遗址M1壁龛内遗物照

图一七八　机场村遗址M3

图一七九　机场村遗址M3出土遗物
1. 陶鼎　2. 陶鼎　3. 陶鼎　4. 陶壶　5. 陶豆　6. 陶豆　7. 陶杯　8. 陶斗　9. 陶斗

从这些文物点的地域分布可以看出，老河口市和襄州区发现的两周时期的文物点最多，达到7处，占总数的二分之一以上，同时，分布较为集中，6处均位于老河口。其他文物点分散在枣阳和随州一带。因此我们大致可以判断春秋战国时期南方的楚国非常注意对襄阳西北地区的经营和控制，至战国后期，秦国对楚国构成强大的威胁。

这些发现对研究两周时期楚文化的分布与扩张，以及楚文化、秦文化、三晋文化、齐鲁文化之间的交流与互动具有重要的意义。

（四）两汉时期

此次发掘中，有17处文物点发现汉代遗存，分别为纪洪北岗墓群、吴家桥西墓地、上河遗址、小王堰遗址、河里杜家墓地、墓子地遗址、上寨遗址、斜子地墓地、车屋程家墓地、宋湾遗址、余沟墓群、小孙庄遗址、鲁城河墓群、田坡湾墓群、张家湾墓群、杨家河墓群和大汪家湾墓地等。遗迹有灰坑3座、窑址2座、沟2条、建筑遗迹1处和墓葬60座（图一八〇）。

1. 地层

发掘区域发现汉代地层的有斜子地墓地和张家湾墓群2处。

斜子地墓地第4层为秦汉时期文化层，厚0～60厘米，出土遗物有绳纹筒瓦、夹砂红陶片、豆盘、罐片。

张家湾墓群第4层，黑褐砂土，微黏，厚5～18厘米，较疏松，包含物有若干陶片、红烧土粒和炭粒，陶片以泥质灰陶、灰白陶和夹砂灰陶为主，可见器形有矮柄灰陶豆、罐、壶等，陶片纹饰有绳纹、小方格纹、叶脉纹等。推断为汉代文化层，部分区域没有此层（图一八一）。

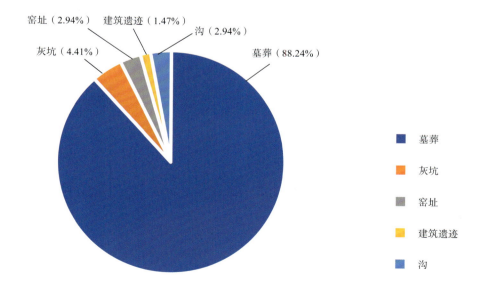

图一八〇　汉代遗迹类型饼状图

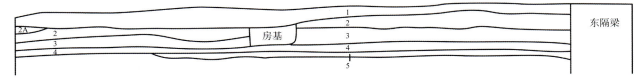

图一八一 张家湾墓群T0205北壁剖面图

2. 灰坑

发现汉代灰坑3座，即上河遗址H3、小王堰遗址H5和河里杜家墓地H27。形制各异，分为A类圆形、B类方形和C类不规则形。

A类圆形灰坑：上河遗址H3（图一八二）。开口近似为圆形，南北最大径68、东西最大径70厘米，弧壁，平底，坑底距开口46～48厘米。填土为黑灰色，土质较疏松，夹杂红烧土颗粒和炭粒。出有1件陶甑，为泥质灰陶，素面。

B类方形灰坑：小王堰遗址H5。开口形状为方形，长68、宽50、深20厘米，斜壁平底，东南壁下10厘米起二层台，宽10厘米。填土为青灰淤泥土、湿软，含少量木炭，出土碎砖、灰陶片。

C类不规则形灰坑：河里杜家墓地的H27（图一八三）。平面呈不规则形，略呈现长条、椭圆、变体圆形等，近竖直壁，平底。口径东西约350、南北约400、深0～19厘米。有的坑内

图一八二 上河遗址H3

堆积多层填土和遗物。填土黑灰色，土质松散，少量的黑灰烬。

灰坑内出土的器物主要是日用陶器和陶建筑制品。陶质以夹砂灰陶为主，次为夹砂红陶和泥质灰陶，前者主要器类有罐、瓮、盆、碗、钵等，装饰有压印或刻划的绳纹、篮纹、弦纹、小方格纹、叶脉纹等；后者器类主要是尺寸各异的筒瓦、板瓦和长方形砖，纹饰以压印绳纹为主，质地坚硬，烧成温度较高。

3. 窑址

发现2座汉代窑址，即河里杜家墓地Y4和Y5。

河里杜家墓地Y4位于T0816中部和东部。在生土上挖制成半地穴式结构，夯实之后直接使用。窑坑平面形状呈亚腰鼓形，由椭圆形口大底小的操作坑、窑门、梯形火膛、梯形窑室和排烟孔构成。长3.24、最宽处2.4米。窑门两侧用砖砌；火膛位于窑床东侧，东西两侧斜上与窑床和窑门相接，南北两壁陡直，底面较平坦，底部低于窑门38厘米，低于窑床平面50厘米。窑床位于窑室中后部，东与火膛相接；床面平坦，有烧结面，呈橙红色，表面较硬，长2米；烟道位于窑床后壁下、左右各开一长方形排烟孔似与室外烟囱相连，两烟孔向后壁相互倾斜靠拢垂直向上；窑火膛两侧用灰砖砌成，壁面用泥涂抹，厚8厘米，保存较好；沿窑壁开口一周平面上能看到高温烧结形成的红烧土带，厚8～10厘米。

河里杜家墓地Y5除了在南部缺少操作坑、窑门和排烟孔等设施以外，其余与Y4结构大体相似，只是窑床和火膛形状不规则。两个窑之间还发现一个圆形锅底状坑，四壁加工整齐。

河里杜家墓地Y4窑坑内堆积分2层：上层包含较多砖瓦残片和少量的器物陶片，可辨器形有泥质灰陶盆口沿、瓦片等；其瓦片纹饰多素面，少量绳纹、布纹。下层包含较多瓦残片和倒塌下来的土坯砖、少量的器物陶片。瓦多为泥质灰陶筒瓦，少量红陶筒瓦；瓦头呈子口形状，唇部有平直、上卷等类型，曲面多饰细绳纹、少数为素面。砖均为土坯砖，尺寸25厘米×12厘米×10厘米，一侧有黑色烧结现象。陶片主要有泥质灰陶盆、罐口沿等。据统计，整个窑内填土包含物中，瓦片约占75%、砖约占20%、器物类陶片约占5%。

Y5窑坑内堆积为褐灰色土，质地细腻、较松散。遗物主要是砖瓦残片和少量的器物陶片。砖均为土坯砖，尺寸25厘米×12.5厘米×10厘米左右，一侧有黑色烧结现象，与Y4砖基本一致。瓦块中以板瓦为多、筒瓦较少。板瓦器形较大、厚重，厚1～1.4厘米，多饰粗绳纹。筒瓦厚重，在烧制过程中多有变形，曲面饰细绳纹，凹面为素面。器物陶片有泥质灰陶缸口沿、盆口沿、鼎口沿、壶口沿、夹砂红陶鼎足及口沿等，其中缸、盆器形较大，胎厚1厘米左右，多为素面，少量饰绳纹。

2座窑的开口层位、平面形状和结构有相似之处，窑内堆积出土的灰砖瓦残块的特征也高度相似，故推测2座窑的年代应在西汉中期左右，一般认为汉代陶窑进烟口数量多的要比进烟口少的要进步一些、年代也略晚些[1]。据窑内填土中出土大量瓦片分析，该窑似为专门烧制陶瓦的窑。这种形制的窑与汉长安城遗址北城墙外发现的西汉晚期的2～8号烧制陶俑的窑形制有差异[2]，后者窑床为规则的长方形，窑门为砖砌五角形，窑尾有三个排烟孔，其后接一垂直向上的烟囱，但窑壁内侧抹泥的做法与前者同。二窑之间的灰坑当与烧窑有密切关系，或许是储存水之用。值得注意的是：Y4比Y5面积大，前者主要出土较小的筒瓦，而后者主要出土较大的板瓦。二者的关系需要进一步关注。

4. 墓葬

共发现汉代墓葬60座，其中吴家桥西墓地1座、纪洪北岗墓群8座、宋湾遗址5座、余沟墓群14座、小孙庄遗址2座、鲁城河墓群5座、田坡湾墓群5座、大汪家湾墓地2座、车屋程家墓地18座。

（1）地面遗存

发现有地面遗存的仅吴家桥西墓地。吴家桥西墓地紧邻吴家桥西遗址，墓地所在地势较高，四面开阔平缓，平面基本呈长方形，南北长343、东西宽178米，面积约6万平方米，保存状况一般。在墓地中部最高处残存一座封土高约2、底径超过10米的土坑砖室墓，并在该墓的四周发现平面呈正方形的围墓沟遗迹，平均边长约100米，东、西、北三面闭合，南面留有进出的通道。受发掘面积的限制，此次仅发掘了东围墓沟的南段和南围墓沟的东段，经过发掘得知，围沟口大底小，上宽下窄，各边宽窄不一，截面呈槽形、锅底形或"U"形，壁面粗糙呈曲线内收，平底或圜底。围沟的上口东西宽7～7.8米，沟底底部不平，东西宽约2.4、沟最深1.14米。在吴家桥墓地TG1沟内西北角发现砖瓦堆积，砖瓦堆积呈不规则坡状堆积，南北长2.28、东西宽1.04、厚0～0.2米。砖瓦堆积附近没有发现其他建筑遗迹。另外，在墓葬的南部和围墓沟的西南角发现疑似享堂之类的地面建筑遗迹。

墓地出土了大量建筑遗物和少量生活器具。汉代遗物以砖、瓦等建筑遗存为主，生活器具较少。建筑遗物主要有菱形纹、几何纹青灰砖，绳纹筒瓦、板瓦以及瓦当等。生活器具以泥质灰陶为主，均为残片，器形有绳纹罐、牛鼻形双耳罐、盆、瓮等。

---

[1] 李毓芳：《汉代陶窑初论》，《汉唐与边疆考古研究》（第一辑），科学出版社，1994年。

[2] 中国社会科学院考古研究所汉城工作队：《汉长安城2—8号窑址发掘简报》，《考古》1992年第2期。

围墓沟（有学者称之为兆沟、隍壕、墓地壕沟、封沟等）葬俗最早见于史前时期，主要分布在东北、甘青地区；春秋战国时期，秦墓流行在墓外挖出围墓沟，发现的这一时期的围墓沟主要分布在关中、河南、山西一带；东汉时期的围墓沟，在洛阳孟津朱仓汉帝陵园遗址、白草坡东汉帝陵陵园、河南三门峡交口汉墓（M17）、偃师东楼等均有发现；在西晋、隋唐、宋代的围墓沟都有发现，可见围墓沟作为墓葬的组成部分，在演变过程中没有中断。为了表明该墓地的范围，确定墓域，也不排除挖围墓沟加高墓冢。关于围墓沟的文化属性，俞伟超先生在《方形周沟墓与秦文化的关系》中认为秦人墓葬围沟是受到西北羌戎文化的影响，同时判断日本的方形周沟墓是由秦代渡海而去的中国移民及其后裔建造。

（2）地下遗存

除吴家桥西墓地外，其余59座墓均发现有地下遗存。

1）形制和结构

皆为土圹砖室墓，土圹呈长方形，其内有竖井和斜坡，结合长方形墓道和用长方形砖砌的墓室，有的在其间砌有甬道，甬道外口通常用错缝平砌的砖封门，墓室有单室和多室之分，墓室和甬道地面铺砖，部分墓葬还埋设有较长的排水沟（田坡湾M6、M10），墓砖有长方形和梯形两种，侧面多装饰菱形几何纹饰和吉祥文字"大吉"，葬具有的用髹红漆棺，出土随葬品有陶日用器、陶明器、铜器、铁器等。除2座墓葬形制不清外，其余57座墓葬根据平面形制的差异，可以分为四类，分别为长方形单室墓、"凸"字形单室墓、"刀"形单室墓和"中"字形多室墓，以长方形单室墓为主。

第一类：长方形单室墓。由墓道和长方形墓室构成，无甬道。共25座，其中纪洪北岗墓群6座（M1～M4、M7、M9）、车屋程墓地11座（M6～M8、M10～M15、M17、M18）、宋湾遗址1座（M5）、余沟墓群5座（M5、M6、M8～M10）、小孙庄遗址1座（M4）、鲁城河墓群1座（M10）。以车屋程墓地M8为例（图一八四）。M8为长方形单室砖墓，墓口一端近

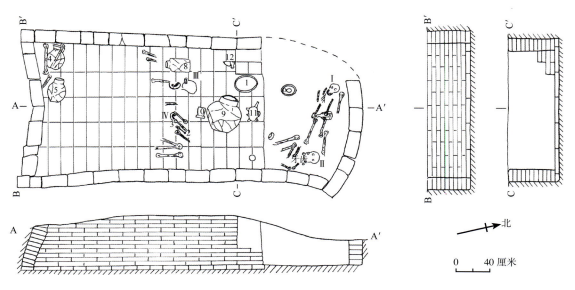

图一八四　车屋程家墓地M8平、剖面图

1. 铜盆　2. 铜勺　3. 铜带钩　4、5. 陶罐　6. 陶磨　7. 陶灶　8. 陶仓　9. 陶瓮　10. 陶井　11. 陶镳斗　12. 陶狗

图一八五 车屋程家墓地M8出土随葬品组合

底部设置转角，象征墓道。墓室平面呈长方形，长约3.95、宽约1.91、深约0.65米。墓室封门呈弧形向外扩。西壁北部近墓门处底部有六块墓砖砌成两级台阶状，象征墓道。转角以北长约1.09米，未见墓底砖；转角以南长约2.86米，底部平铺一层5列18排墓底砖。墓室四壁均有层数不一的墓砖整齐排列。墓砖以素面和菱形纹饰为主。墓内共见4具成年人骨，保存状况较差，仅存部分头盖骨、颌骨、肢骨及牙齿。转角以北2具，一具头朝西北，面向上，仰身直肢葬，一具头朝北，面向西，侧身屈肢葬；转角以南2具，头均朝北，一具面向西，侧身直肢葬，一具面向上，葬式不可辨。转角以南出土棺钉4枚，可见少量棺椁漆皮。随葬品有铜盆1件、铜勺1件、铜带钩1件、陶罐2件、陶瓮1件、陶磨1件、陶井1件、陶仓1件、陶灶1件、陶狗1件和陶鐎斗1件（图一八五）。

第二类："凸"字形单室墓。墓葬由平面均呈长方形的墓道、甬道和墓室三部分组成，甬道宽度较墓室窄，衔接成"凸"字形，甬道和墓室均券顶结构。共14座，其中车屋程墓地6座（M1～M3、M5、M9、M16）、宋湾遗址2座（M3、M4）、余沟墓群3座（M1、M4、M11）、鲁城河墓群3座（M11、M13、M14）。墓葬尺寸不大，墓坑长4～8、宽2～4米。如余沟墓群M4（图一八六），墓坑总长5.9、宽2.48、残深0.74米，墓底与墓口大小一致。墓葬由南向北依次可分为墓道（长1.4、宽1.36米）、甬道（长1.64、宽1.36米）、墓室（长2.86、宽2.48米）三部分。砖室结构保存较差，仅残存四周墙体。所用墓砖规格一致，整砖尺寸为

图一八六　余沟墓群M4

长0.36、宽0.18、厚0.06米，四端饰有菱形纹。出土陶罐2件及陶圈、陶器盖、陶屋各1件。

第三类：刀形单室墓。墓葬由平面均呈长方形的墓道、甬道和墓室三部分组成，甬道宽度较墓室窄，但甬道一侧壁与墓室侧壁对接成一条直线，使得二者衔接成刀形平面，甬道和墓室均为券顶结构。共8座，其中宋湾遗址1座（M1）、余沟墓群3座（M3、M7、M13）、田坡湾墓群4座（M5～M8）。如田坡湾墓群M8，东西向，土坑墓道向东，斜坡状，被破坏严重，残长1、宽0.9、残深0.41米。甬道呈长方形，长1.4、宽1.2、残深0.6米，甬道和墓室底部用红色条形砖"人"字形平铺，甬道南、北两侧墙砖用条形砖错缝平砌于底砖之上，南、北两侧分别残存3层墙砖，残高0.19米。墙砖变形严重，向甬道和墓室内翘起。底砖单砖长34.5厘米、宽16.5厘米、厚6.2厘米。墓室底部呈长方形，长2.96、宽1.8米（图一八七）。

第四类："中"字形多室墓。墓葬由平面均呈长方形的墓道、甬道、前墓室和后墓室四部分组成，墓道、甬道、前墓室组成"凸"字形，前墓室后接较窄的长方形后墓室，二者也组成反向的"凸"字形，墓室整体平面呈"中"字形。后墓室地面通常较前墓室地面略高10厘米左右，有的充当棺床之用。墓坑总长多接近10、宽3～4米。共10座，其中纪洪北岗墓群3座（M5、M6、M8）、车屋程家墓地1座（M4）、宋湾遗址1座（M2）、余沟墓群2座（M2、M12）、小孙庄遗址1座（M1）、鲁城河墓群1座（M12）、田坡湾墓群1座（M9）。

图一八七　田坡湾墓群M8

如纪洪北岗墓群M8（图一八八），总长9.7米，已揭露的部分墓道平面呈长方形，水平长1、宽1.8米，底部呈斜坡状。封门墙北连甬道，平面呈弧形。甬道南接封门墙，北连前室，平面形状为长方形，长2.6、宽1.7、残高0.5～0.9米。其构筑方法，先在土圹东西两侧开挖基槽（基槽比甬道生土面低2厘米），再于基槽内砌筑砖墙，然后紧贴砖墙铺设墓底砖，并封门。甬道东西两壁砌法为"三顺一丁"，底部为人字形斜铺。甬道南端紧邻封门墙处另有一层砖砌封门，宽1.7、残高约0.3米。前室平面呈方形，边长约3米。后室平面呈长方形，底面高出前室底面0.16、长2.6、宽2米，墓室中发现有楔形残砖，推测墓顶应为券顶。前室东、西两侧有棺灰痕，推测葬具应为木棺。骨骼保存不好，仅有零星骨渣发现，葬式不明。随葬品11件（套）：甬道内出土绿釉红陶鼎、灯各1件；前室出有五铢钱5枚，串珠8颗，绿釉红陶圈厕（圈内有陶猪1件）、鸡、灶、耳杯各1件，灰陶杯1件；后室出土有绿釉红陶磨1件、五铢钱9枚、铜纽扣1枚、玉石串珠10颗、铜环1个（图一八九）。

纪洪北岗M6更加复杂，还在前室东侧增加一个长方形的侧室，可视之为中字形式样的变体（图一九○）。

2）葬具、骨架和葬式

葬具多保存不好，仅有红色漆皮和黑色木棺灰，其附近还出土铁棺钉，推测可能使用铁

图一八八　纪洪北岗墓群M8

钉固定的糅红漆的木棺，有的可能用榫。大部分为单人仰身或侧身直肢葬，少数屈肢葬，也有多人合葬的。如老河口纪洪北岗M5前室自西向东排列3具长方形棺灰、襄州车屋程墓地M8内共发现4具成年人骨，这些显然是多人合葬。

3）随葬品特点

随葬品主要有陶器、铜器、银器、铁器等。

陶器多泥质灰陶，红胎居多，温度普遍不高，有在器表上黄色或绿色低温釉。器类有日用器和明器：前者有罐、瓮、壶、甄、碗、钵等，器形规整，体形多较大，温度较高；后者有鼎、博山炉（有的含盖）、樽、奁、耳杯、杯、盘、鐎斗、灯、盂、甄、釜、仓、灶、井、水碓、磨、楼房、圈舍、子母鸡、鸭、猪、狗等。

铜器有盆、壶、洗、镜、S形带钩、铜环、钱币、泡钉、扣件、饰件等，有的器物表面鎏金。其中田坡湾墓群M5出土的三乳三兽纹铜镜保存完整，纹饰精美，是难得的精品。钱币式样繁多，有五铢钱、货泉、大泉五十等，多有锈蚀，呈现铜绿色。

漆器推测有耳杯、碗、钵、樽等器类，多已朽烂。部分墓葬发现有长条月牙形鎏金扣件、圆环形较扁平的扣件，此类扣件应是包镶在耳杯的双耳和碗钵类口沿处，兼具保护性和

图一八九 纪洪北岗墓群M8出土汉代陶器

1. 釉陶狗（M6：10） 2. 釉陶圈厕（M1：3） 3. 釉陶磨（M5：17） 4. 釉陶灶（M1：4） 5. 釉陶鼎（M1：1） 6. 陶罐（M5：23）

图一九〇　纪洪北岗墓群M6

美观性，具有延缓双耳和口沿磨损的作用，汉代人称这类器物为"钮器"。长安、洛阳、成都、扬州以及襄阳是制作此类器物的中心。

　　银器有项圈（纪洪北岗墓群M6出土，套在陶狗脖子上），铁器主要有刀、勺。此外，还有用玉石磨制成的圆环形串珠（纪洪北岗墓群M8出土10颗）。

　　4）墓葬年代

　　从墓葬形制看，"凸"字形、刀形、"中"字形墓葬在老河口九里山、襄阳王坡、南阳一带均有发现，时代主要集中在新莽到东汉晚期。从随葬品看，车屋程家墓地M8出土陶罐M8：5与河南方城平高台M5：2[1]形制基本相同。M7出土的博山式器盖M7：2形制与南阳丰泰M149：10器盖基本相同[2]，类似器盖在老河口九里山墓群第四期6段汉墓[3]中较为常见，其流行的年代下限可到东汉前期。此外，墓葬大量出土铜镜、五铢钱、货泉、大泉五十等断代器物。其余墓葬大体如是。由此可知这批墓葬主要是新莽到东汉晚期墓葬。

① 河南省文物考古研究所、南阳市文物考古研究所：《河南方城县平高台遗址汉墓发掘简报》，《华夏考古》2007年第4期。

② 河南省南阳市文物考古研究所、武汉大学历史学院考古系：《南阳丰泰墓地》，文物出版社，2011年。

③ 襄樊市文物考古研究所、武安铁路复线九里山考古队：《老河口九里山秦汉墓》，文物出版社，2009年。

5）墓地布局

车屋程家墓地有汉墓18座，均无叠压或打破关系，说明墓葬之间的时代相对集中（图一九一）。墓地西北部的M6～M18分布略呈西北—东南线形走向，年代可能更早一些，大致处于西汉末期至东汉前期，但墓向及排列并无明显规律。墓地东南部的M1～M5规模较大，年代较晚。位于墓地西北部的，除M9外，均规模偏小，基本均属于平民阶层的墓葬。此外，墓地中各墓的墓向并无明显规律，但不排除是小型家族墓地的可能性。此次发掘对该墓地的形成过程有了一个较准确的认识。

余沟墓群和田坡湾墓群分布多排整齐的汉代砖室墓，应是家族墓地。

6）小结

从随葬品看，纪洪北岗墓群M5的出土方形陶磨，M6出土的带银质项圈的陶狗、月牙形鎏金铜饰件，M8出土的圆形圈厕，在鄂北地区汉墓中均不多见。随葬品方面，陶礼器的器形和数量较为缺乏，模型明器的种类和数量十分丰富，祭奠明器数量不多，日用陶器有一定出土。金属器数量十分有限，且以带钩、铜钱和铁刀等小件器物为主。

不论从墓葬形制还是随葬品组合来看，它反映的是鄂北地区中小型汉墓的文化面貌和特征，其使用者当主要是中下层民众。值得注意的是，随县鲁城河墓群发现汉墓规模大，M12采用刻划纹饰的石条砌石门框，附近还发现本地罕见的汉代大型空心砖。这表明该处的汉墓受到北部南阳和中原墓葬文化的强烈影响。

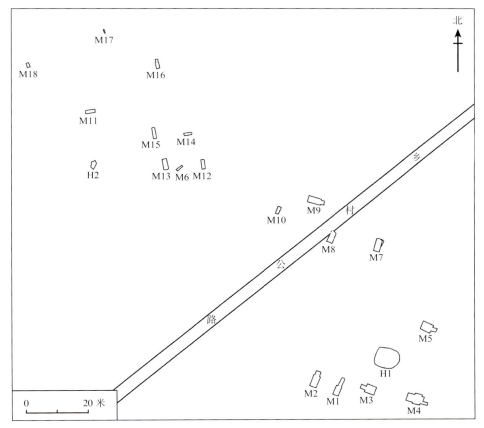

图一九一　车屋程家墓地遗迹分布示意图

车屋程家墓地M7、M8在墓口一端近底部用墓砖设置转角象征墓道，M8内存在多人二次葬的情况，这在以往本区汉墓材料中比较少见。随县田坡湾墓群M3为带有耳室的砖室墓，出土陶狗、带盖陶鼎、彩陶耳杯、陶钵等，耳室西北布置有长7.3米的砖砌排水沟；M4和M10也有类似的从甬道下引出来的排水沟。这在本地区及中原地区不多见，但是在三峡、南京一带的石室墓和砖室墓多有发现。二者的早晚关系仍需进一步研究。

从区域分布上看，此次发掘的汉代遗存有上河遗址、小王堰遗址、斜子地墓地、张家湾墓群等4处。发现的汉墓分布在老河口市、襄州区、枣阳市、随县、广水市等地；居址主要分布在老河口市。综合而言，老河口市和襄州区两地，墓葬、居址的数量和墓地的规模均都超过枣阳市、随县、广水市三地，这说明汉代鄂北地区西部人口较多，聚落较多、较大，其原因当是这一地区优越的地理、交通和人文条件有关。

本次汉代遗存的发掘，为揭示鄂北地区汉代文化面貌和丧葬习俗提供了丰富的一手资料，也为我们深入考察鄂北地区汉代文化和社会历史的变迁提供了重要物证。

（五）六朝至隋代

此次考古发掘中，发现六朝至隋代遗存的主要是随州市曾都区杨家河墓群和广水市大汪家湾墓地。发现墓葬共59座，其中杨家河墓群9座（M1～M3、M6、M9～M11、M13、M15）、大汪家湾墓地50座（北区M1～M47、南区M1～M3）。墓葬形制有长方形土坑竖穴砖室墓和长方形土坑竖穴石室墓两种。除杨家河墓群M15为长方形土坑竖穴石室墓外，其余皆为长方形土坑竖穴砖室墓。

1. 长方形土坑竖穴石室墓

以杨家河墓群M15为代表（图一九二），墓室四周用石板侧立砌筑四墙，上部用青石板封顶，墓底亦用石板铺底。侧墙用五块石板拼砌，两端挡墙用一块或两块石板嵌入而成。石板厚2.5～4厘米。整个石室十分狭长。墓底南端发现青瓷四系罐1件、陶碗1件，四系罐的系部均被打掉（图一九三）。类似的四系罐在南京地区的南朝墓中多次发现，因此判断此墓是南朝时期墓葬。黑陶碗是此地特色，在淅川下寨墓葬多有出土，这在其他地区少见。

2. 长方形土坑竖穴砖室墓

共58座。土坑内建砖室，墓壁采用"顺丁混用式"砌筑。杨家河墓葬墓室的砌筑方法是，一般先用整砖铺底，再用半砖错缝横铺，叠砌砖墙，墙砖砌至9层后，开始用2层较长的半砖逐层内收，最后以2层整砖横向配纵向叠铺封顶。大汪家湾墓地也发现同类墓葬（北区M8）。铺地砖铺法多样，有"人"字形平铺、"仿席纹"平铺或者单砖横向平铺、单砖纵向平铺等多种铺地方式。墓室一般有随葬器物的一端较宽，器物多置于墓主头侧，墓室窄长。墓砖形制多样，大小、厚薄不均。墓砖长34～37、宽16～18、厚5～8厘米。墓砖纹饰多样，见用东汉楔形砖横铺封顶的情况。随葬器物有金银器、玛瑙器、瓷器、铜器、铁器和漆器等。多以青瓷碗1或2件、青瓷盘口壶1件为固定组合，个别也出土有陶器。

图一九二 杨家河墓群M15

图一九三 杨家河墓群M15出土青瓷四系罐和陶碗

杨家河墓群M10出土南朝时期青瓷盘口壶和碗。M6出土1件青瓷盘口壶和2件大平足青瓷碗，其年代略早于M9；M9出土2件南朝青瓷莲瓣纹碗和1件青瓷盘口壶。青瓷盘口壶整体瘦长、颈较细，瓷碗平底、弧腹，碗较大，内有支钉，有的碗上见有莲瓣纹，与鄂城六朝墓[①]及襄阳黄家村[②]出土的同类器物形制相似。墓葬随葬品组合稳定，在南朝墓葬中随葬的青瓷壶、罐的系部和盘口壶的口部多被打掉，墓葬中未见被打掉的碎片，可能为当时当地的埋葬习俗。

大汪家湾墓地北区M8出土有"五行大布"铜钱等北周遗物，北区M1出土有青黄釉四系刻印莲花纹盘口壶，明显带有隋代风格。北区M8出土酱褐色釉瓷四系壶，也是隋代器物。墓葬还出土数量较多的绿色、蓝色玛瑙串珠，琉璃串珠，金片，银钗，铜环、手镯、铜钱，青铜发簪、发钗、耳坠、臂钏，铁刀、箭镞等（图一九四）。因此这两个墓地的年代在南朝末期到隋之间。

墓葬形制具体可以分两类。

一类是墓室长宽比例较大的，即墓室的长度远大于宽度，平面呈略细窄的长方形。典型的有大汪家湾墓地北区M4、M6～M11，南区M2、M3，杨家河墓群M10（图一九五）、M9、M8、M6等。大汪家湾墓地北区M4墓葬东壁有2个壁龛，铺地砖用平行横铺法。

另一类是墓室长宽比例较小的，即墓室长度略大于宽度，平面呈略方的长方形。如大汪家湾墓地北区M1～M3、M5，南区M1等，铺地砖用"人"字形交叉铺法。北区M1（图一九六），平面呈长方形，墓长3.74、宽2.17、墓壁残高0.75米，墓壁采用"顺丁混用式"砌筑，墓底采用"人"字形平铺，墓砖为素面。墓底分为两层，上层为棺床，长2.93、宽1.54米。共有壁龛7个。共出土随葬器物25件（套）。

图一九四　大汪家湾墓地北区M7出土金片

① 南京大学历史系考古专业、湖北省文物考古研究所、鄂州市博物馆：《鄂城六朝墓》，科学出版社，2007年，第151～185页。
② 襄阳市文物考古研究所：《襄阳黄家村》，科学出版社，2013年，第475～487页。

图一九五　杨家河墓群M10

图一九六　大汪家湾墓地北区M1

仔细观察，杨家河墓群和大汪家湾墓地的砖室墓有一定差别（表一）。

表一　六朝时期长方形土坑竖穴砖室墓对比表

	杨家河墓群	大汪家湾墓地
墓葬形制	长方形土坑竖穴砖室墓	长方形土坑竖穴砖室墓
开口层位	表土层下	表土层下
墓底	单砖横向平铺结构	"人"字形平铺，"仿席纹"结构平铺，单砖横向平铺，单砖纵向平铺、纵横交错的形式平铺，部分墓葬为两层底
墓壁	半砖横砌	顺丁混用式叠砌
墓顶	采用整砖横向配纵向叠铺，逐层内收式封顶，封顶砖一般有4层	券顶残
墓葬尺寸/米	长2.08～3.88、宽0.96～1.26	长2.2～3.74、宽1.03～2.31、残高0.08～1.1
墓砖纹饰	半圆形的同心圆纹、"◠"形卷云纹、铜钱纹、八角太阳纹、三角纹、叶脉纹、菱形纹、鱼纹等	绳纹、布纹、十字纹、钱纹、鱼纹等
随葬器物	青瓷碗、青瓷盘口壶，铜钱及铜钗、铜钏等饰品或漆盒等。多以青瓷碗1件、青瓷盘口壶1件为固定组合	陶碗、陶杯、瓷碗、瓷壶、五行大布铜钱、铜环、铜钗、银钗、银手镯、银指环、玛瑙串珠、铁刀、铁簪、铁箭镞等

两个墓地的墓葬文化均带有鲜明的南北文化交流特点。

从形制上看，杨家河墓群和大汪家湾墓地（北区M8）用平顶叠涩方式建墓顶的做法在襄阳黄家村墓地[①]、湖南未阳城关等地也有相似的发现。这种墓顶结构与此时期常见的券顶、叠涩顶、穹隆顶等结构不同。已有研究指出平顶结构早已流行于中原地区，在南方地区出现较为迟缓。由于平顶结构技术上不如券顶结构坚固，在长江中下游地区平顶结构未能形成主流[②]。前述第二类墓葬普遍见于南方的东晋南朝墓；第一类墓为细窄的长方形，宽度仅足以容身。有些粟特人的墓葬也是使用细窄长方形（有的梯形）的。不过此一问题仍然需要进一步研究。

从随葬品看，青瓷盘口壶、碗都是典型的长江中下游地区产品。大汪家湾墓地出土有珍贵的绿色、蓝色玛瑙串珠，琉璃串珠，金片，青铜发钗、耳坠、臂钏，铁箭镞等，其中绿色、蓝色玛瑙串珠，琉璃串珠的颜色、质地与鄂州六朝墓所出有很大的不同，而与北朝墓葬所出器物有类似之处，而北朝墓葬出土者多来自西域，因此不能排除此类器物来自西域。大汪家湾墓地北区M8出土的五行大布铜钱也属于北方系统。

南齐永明十一年（北魏太和十七年，493年）北魏孝文帝迁都洛阳。为确保洛阳安全，北魏向南发动了一系列攻势，汉江流域成了南北争夺的焦点。北魏灭亡（534年）后，今随州一带又成为梁及继北魏兴起的西魏和东魏政权争夺的主要地区之一。北朝军队和民众随着战争进程逐步进入鄂北地区，而北朝民族成分多样，他们进入鄂北带来北方的文化因素是极有可能的。目前发现的六朝墓葬墓室面积较小、随葬器物少，等级不高（个别墓葬可能有较高等级），应多为一般民众，墓葬形制上沿用了北方的传统，而随葬器物则为南方的生活器皿。墓葬中多见东汉墓砖且多用半砖砌筑墓室，正是当时社会动荡经济水平较为低下的写照。

（六）隋唐时期

此次考古发掘中，发现隋唐时期遗存的有小王堰遗址和河里杜家墓地2处。

1. 小王堰遗址

小王堰遗址位于老河口市薛集镇小王堰村小王堰自然村北，处在一块南北向岗地的南侧，西北较东南略高，东西长200、南北宽150米。此次为在当地首次进行的考古工作，发现小王堰遗址除汉代遗存外，还有少量唐代遗存。

整个发掘区域的地层堆积可分为5层，唐代文化层位于第3层，为青灰淤泥土，厚20～30

---

① 襄阳市文物考古研究所：《襄阳黄家村》，科学出版社，2013年，第412、413页。M43结构与之相似，仅顶部横铺2层盖顶，墓室较矮。

② 赵胤宰：《长江中下游汉六朝砖墓的建筑结构与技术研究》，北京大学博士研究生学位论文，2007年。

图一九七 小王堰遗址出土瓷碗
1. TN03E03③:3 2. TN03E03③:5

图一九八 小王堰遗址出土瓷器
1. 瓷盏(TN03E03③:6) 2. 瓷碗(TN02E01③:1)

厘米。包含物极多，主要有汉代的灰陶片、唐宋时期的瓷片，少量东周时期的陶片，可辨器形有陶罐、陶豆、陶鬲、瓷碗、瓷碟、瓷罐等（图一九七、图一九八）。

遗迹有开口于此地层的灰坑，坑口平面形状可分为不规则圆形（H1和H2）、椭圆形（H4）两种。不规则圆形灰坑开口长85、宽85、深65厘米，底面长55、宽65厘米，西、南壁均为斜壁，北、东壁深45厘米处有二层台；堆积填土为灰黑色，湿黏，含木炭、烧土块，出土素面砖、陶片、瓷片等。椭圆形灰坑开口平面形状为椭圆形，长150、宽105、深60厘米，斜壁锅底；填土为深灰色土，土质纯湿软，含木炭、陶片、瓷片、砖块、牛肋骨等。

遗物大部分为瓷片，无完整器，可修复器形有碗、盏，可辨器形有碗、罐、壶等，以白瓷碗为主，敞口，玉璧底，除底部不施釉，均施白釉，有晚唐之风。还有大量的骨骼，可辨有猪下颌骨、牛角、马牙等。

该遗址发掘面积不大，初步判断是小型聚落的组成部分。出土的青黄釉瓷具有中原风格。

2. 河里杜家墓地

河里杜家墓地发现隋唐时期墓葬14座（M1~M12、M14、M15），均为土坑竖穴砖室墓，无墓道和甬道，在先挖好长方形土坑内直接用砖砌墓室，砖大多是残砖，错缝平砌墓壁，东、西两壁平行错缝平叠砌，逐层内收，平搭二层条砖为顶，室内地面平行横铺地砖，部分砖有文字，如"大吉""千萬"等，应是利用了早期汉代墓葬的墓砖。

形制分两类：一类平面为船形（仅1座，M6），墓葬两头较窄，中间较宽，形似腰鼓。另一类平面为细窄长方形或梯形（共13座），长2.5～3、宽不足1米。左右两侧较长的墓壁受到两侧土的膨胀挤压而向内弯曲，呈弧形，整体平面呈现亚腰鼓形。

人骨和随葬品保存均较差。多有人骨1或2具，第二类墓有些墓葬可能不用棺材，仰身直肢葬或屈肢葬，随葬品稀少，一般在墓主头部下位置分别出土1～6枚五铢钱和开元通宝，普遍锈蚀。个别有铜戒指1件、铁簪1件。墓葬等级不高，估计为平民墓。

大部分五铢钱的"五"字交股较直，为隋代五铢钱。故推测第二类墓葬年代应为隋末唐初，第一类墓葬年代为中晚唐。

第一类墓葬形制，在江苏、浙江地区东晋南朝时期墓葬中大量见到，武汉以及长江下游地区唐五代时期墓葬中也有发现，到宋代，湖北北部仍持续有发现。所以，鄂北的此类文化因素可能在长江中下游的影响下逐步发展起来的。第二类墓葬形制与曾都区杨家河墓群、广水市大汪家湾墓地所见多座南北朝墓类似，很显然这是类似风格的延续。

（七）宋元时期

发现宋元时期遗存的文物点一共有14处，其中老河口市3处，为南大堰遗址、杨庄遗址、小王堰遗址；襄州区4处，为河里杜家墓地、九姓庄墓群、斜子地墓地、赵马岗遗址；枣阳市5处，为韩冲墓群、河南墓地、小王家湾墓地、李沟遗址、水寨子遗址；曾都区1处，为张家湾墓群；随县1处，为黄土湾墓群。

1. 地层堆积

较为简单，地层关系清晰明了。除部分文物点包含年代较早的文化层以外，如杨庄遗址的第5、6层为元末地层，韩冲墓群的第3层为宋代墓葬的封土残余，水寨子遗址的第4层为宋代文化层，绝大多数文物点耕土层下即为生土。

以水寨子遗址为例，其宋代文化层可分3亚层，第4A层：棕褐色，土质较致密；分布于探方大部分地区，只在探方西北角未见此层，深60～75、厚10～15厘米；出土有少量的青瓷片、陶片及较多砖块；砖长29、宽14.5、厚4.5厘米，较接近宋砖；陶片以泥质灰陶为主，纹饰多为素面；依据出土遗物判断应为宋代文化层；该层下叠压W1。第4B层：棕黄色，土质较致密，夹杂少量的石块；分布于探方的西北与东南部，深75～90、厚10～25厘米；出土少量瓷片及碎砖瓦等；依据出土遗物判断应为宋代文化层；第4C层：深褐色，土质较致密。

此外，部分文物点发现了宋元时期的地层堆积，却无宋元时期的遗迹。例如，小王堰遗址的宋代遗物主要出土于遗址第3层；斜子地墓地东区第3层为宋代文化层，张家湾墓群第3层为宋代文化层，却皆无宋元时期的遗迹。

2. 主要遗迹

（1）墓葬

共发现宋元时期的墓葬12座，其中南大堰遗址1座、九姓庄墓群6座、河南墓地2座、韩冲墓群1座、水寨子遗址1座、黄土湾墓群1座。可分为砖室墓、瓮棺墓、土坑墓三类，其中砖室墓最多，10座；瓮棺墓、土坑墓较少，各1座。

墓葬地下部分的建造方式均是在地面先挖土坑，然后在土坑内建造墓室，内置死者和随葬品，再覆土掩埋，地面起封土堆。封土堆绝大多数不存，仅黄土湾墓群发现一座保存有封土的砖室墓，封土形状近圆形，东西长13、南北宽10、高约3米，墓室保存状况不佳，仅存墓底北半部，墓砖中杂有部分汉代花纹砖，墓中出土铜钱7枚，有淳化元宝、皇宋通宝等。

砖室墓多带长方形短土斜坡墓道，用砖封墓门，有长方形甬道伸入墓室棺床前。墓室均单室，室内后半部用2～4层砖平铺砌成棺床，棺床上放置骨架；墓顶大部分被破坏，不过从韩冲墓群M10的情况看，墓顶应为穹隆顶形状。按照墓室形状可将此类墓分为圆形砖室墓、多边形砖室墓和方形砖室墓，其中多边形砖室墓分布范围较大。

圆形砖室墓，共4座，均发现于九姓庄墓群。墓室开口平面为椭圆形，剖面为筒形平底。M1和M2结构相同。M1墓室墓门为两块直立青砖，墓室长1.6、宽1.8米。M2墓道长约1.3、宽0.9米，墓室长2、宽2.04、深约0.58米。

多边形砖室墓，墓室平面为五边形或六边形，共发现4座，其中九姓庄墓群1座、河南墓地2座、黄土湾墓群1座。墓室内用砖雕做出较为复杂的仿木结构建筑形式。九姓庄墓群M6墓室平面呈六边形，墓室仅残存北壁，墓壁用三列错向竖砖砌成室内柱子形状，壁面西部砖砌一桌一椅：一椅位于桌东，系用两竖砖砌成椅腿，用一竖砖砌成椅背，用横砖砌成椅面；桌子紧挨椅子，桌腿用两竖砖砌成。一桌一椅的东部壁面用两块竖砖砌假门，自下而上有门砧、地栿、立颊、版门、门额、阑额等结构件，假门两侧柱子头上砖砌仿木斗拱结构，自下而上分别为椅柱、栌斗、泥道拱、散斗、交互斗、令拱、普拍枋等；斗拱结构两侧做出两个竖长方形的假直棂窗。墓门两侧各自竖砌三块砖作为门楼，已残。

长方形砖室墓，墓室平面呈长方形，共2座，为九姓庄墓群M4和韩冲墓群M10。九姓庄墓群M4规格较小，墓室长1.4、宽1.26米，墓室中平铺一层地砖，墓室周围错向弧形平砌九层青砖，墓门为两块直立青砖。韩冲墓群M10规格较九姓庄墓群M4大，墓室内空的长径3.79、短径3.07米，墓门从底至屋脊最高处的高度为1.98米。韩冲墓群M10墓门为券顶，门上方顺砖平铺19层形成门额，顶部再用丁砖隔出4道象征性屋脊，脊间填砖无明显规律。门额前方用一层砖在墓道填土面上倾斜铺成象征性的屋檐，门外用碎砖封堵（图一九九）。墓壁的墓砖有砖雕剪刀的装饰，还有仿木结构墓门和穹隆顶结构。

砖室墓发现的人骨多不全，迁葬者居多。随葬品稀少。九姓庄墓群M6出土1件白瓷碗。韩冲墓群M10有棺钉，推断原有木棺；出土1件釉陶罐，铜钱6枚，可辨者有皇宋通宝、元符通宝、崇宁重宝等。

水寨子遗址发现了1座瓮棺墓，颇有特点。先挖圆形土坑，口径约48、深40厘米，直壁平底。以瓮作为葬具，瓮口朝下，瓮下腹至底残，断面较规整。瓮中用砖砌出一个小型砖室：东侧用三块碎的侧砖顺砌成东壁，西侧用一块侧砖砌成西壁，南侧用一块半砖砌成南壁，砖室与陶瓮间填充碎砖。砖室内空长25.6、宽14.4厘米，砖室底为一块整砖压于瓮肩部内壁之上。墓主应为一名婴儿。仅随葬1件白瓷瓷碗，与襄阳上岗墓地M7[①]所出瓷碗形制相同，后

---

① 襄樊市考古研究所：《襄樊上岗唐宋墓葬发掘简报》，《襄樊考古文集》（第一辑），科学出版社，2007年。

者年代为北宋早中之际。宋代的瓮棺葬多见于河南，但此瓮棺的形制与河南者不同，有地方特色。

此外，在南大堰遗址发现1座长方形土坑竖穴墓，墓长1.92、宽0.9、深0.84米。填土为黄褐色五花土，土质较致密。出土有铜器1件、铁凿1件、元丰通宝铜钱。

（2）窑址

宋元时期的窑址仅在河里杜家墓地发现，共4座。皆开口于耕土层下，直接打破生土或汉代墓葬。窑身为直接在生土中挖出窑身形状，之后紧挨着生土采用错缝平砌的方式砌砖成窑。窑整体由窑门、火膛、窑床、烟室、烟道构成，窑底由窑砖铺成。下面以Y2为例做详细介绍。

Y2为半地穴式，南北长8.4、东西最宽处3.4米。火门位于窑室南侧，朝南，向内连接火膛，向外与操作间相连；两侧用砖平砌，顶部和外部已残。火膛位于窑床南部，南与窑门

图一九九　韩冲墓群M10

相接，形状近半圆形，底面为缓坡状，由北向南下倾斜，东、西两侧向中部也稍有倾斜，低于窑床平面0.3～0.5米，南北长0.9、东西宽0.72～2.5米。窑床位于窑室中部，南与火膛相接，平面大致呈方形，长2、宽3.05米，床面平坦。窑床后壁下开有7个"凸"字形排烟孔，与烟室相连，七孔等距横向排列，底部与窑床齐平。排烟室位于窑室北部，在窑床上用砖平砌成墙隔离出烟室，墙厚0.15米，仅局部残存有八层砖高。烟室长0.35、宽3.05米；烟室后壁正中开一竖槽为烟道，宽0.3、纵深0.16～0.24米。其窑室空气经七孔汇聚烟室后由烟道排出。在烟室后壁两侧角部上0.55米处对称平置过桥砖，呈45°斜切角部，似有向上收拢建顶的迹象。

Y1打破汉代墓葬，窑内堆积主要包含砖瓦残片和红烧土、少量陶器口沿和瓷器碎片，以及一块残损的兽面纹瓦当。Y2内出土砖瓦、铁箭镞、绿釉白胎瓷器碎片。Y3内出土宋金时期白底黑花瓷碗多件。

因窑内多出土砖瓦、瓷器等当时窑工生活用品，因此推测这4座窑为生产砖瓦的窑场。4窑自西北向东南依次排开，窑门均朝南，应是经过统一规划形成。这种形态的砖瓦窑在战国到汉代非常流行，六朝以来也在三峡一带有发现，宋代以来很少见。这批材料对研究宋代砖瓦生产技术具有重要意义。

（3）其他遗迹

杨庄遗址发现一条元代中晚期的灰沟，大致呈西北—东南向，平面呈长条形，长约6.2、宽约1.1、深约0.4米。沟壁较斜直，沟底较平，北高南低。沟内填土为深褐色砂土，夹杂少量炭屑和零星烧土颗粒。出土有多个窑口的瓷器。

南大堰遗址发现一个宋代灰坑，平面呈圆角长方形，斜壁平底，坑口长1.64、宽0.6米，深灰色黏土，土质较硬，结构疏松。出土釉陶罐、釉陶碗、铜器、砖、瓦等。釉陶罐、釉陶碗分别与云梦楚王城遗址宋代B型釉陶罐、Ⅰ式釉陶碗相似[①]。

3. 文化性质及价值评估

工程全线宋元时期的遗存发现不多，多数集中在经济和交通较为发达的襄州、枣阳一带，随县以西到广水一带很少发现。遗存主要以墓葬为主，居址类的仅仅发现有少量单项遗迹，类型有灰坑、道路、残房基以及窑址等。

墓葬最有特色的是九姓庄墓群和韩冲墓群发现的带仿木结构的墓葬。湖北仿木结构的砖室墓主要分布在今老河口、丹江口、襄阳、随州、孝感一带，此次鄂北水资源项目工程仅在以上两处墓群有发现。宋代砖室墓在枣阳地区发现较少，此次枣阳河南墓地两座宋墓的发现，表明该地区宋代文化遗存也是丰富的。

圆形砖室墓可能是受中原、北方地区文化影响。根据有关研究，圆形墓是北方唐墓的主要形制，早在唐初就已经盛行，入宋以后，圆形墓开始在中原流行。故圆形墓的形制可能是来自中原、北方的一种墓葬形制，与迁入移民带来的北方故地的葬俗有关。仿木结构的装饰在中原地区晚唐五代到宋代的遗址有很多发现，其规模和类别之大、结构之复杂、制作之精

---

① 湖北省文物考古研究所、云梦县博物馆：《湖北云梦楚王城遗址1988与1989年发掘报告》，《考古学报》2012年第1期。

细、壁画之精美以及年代之早都要超过鄂北地区，因此这类墓葬显然是在受到五代到宋代洛阳、开封一带京畿地区墓葬风格的影响下发展起来的。

多边形墓葬形制与佛塔建筑的兴盛有一定关系。根据文献记载，鄂北地区宋墓受到的中原影响主要由官方组织和民间自发的移民活动造成的。这些为研究鄂北地区北宋时期的丧葬习俗提供了资料，而且对研究宋代木构建筑技术有一定意义。

瓮棺葬是古代以瓮或罐等陶器为葬具来安置死者的一种葬俗。这种葬俗起源于史前时期，曾见于世界许多地区，在我国的新石器时代至汉代较为流行，以后一直延续下来。本次水寨子遗址发现的宋代瓮棺墓在本地区尚属首次发现，且形制十分特殊，为研究当时的婴儿墓葬形式、丧葬习俗和民俗文化提供了宝贵的实物资料。

部分居址的发现也很重要。水寨子遗址从出土器物看，是一处以明清文化遗存为主、包含少量宋代文化遗存的小型遗址。其发掘表明至少从宋代起就有居民在此地繁衍生息，这对研究宋代以来枣阳地区的社会面貌具有重要的参考价值。

（八）明清时期

发现明清时期遗存的文物点一共有22处，多分布在枣阳以西，枣阳以东较少。其中老河口市5处，为南大堰遗址、杨庄遗址、吴家桥西墓地、上河遗址、熊河老营子遗址；襄州区5处，为河里杜家墓地、九姓庄墓群、斜子地墓地、赵马岗遗址、杨岗墓地；枣阳市7处，为韩冲墓群、河南墓地、李沟遗址、水寨子遗址、小孙庄遗址、白毛庄遗址、小王家湾墓地；曾都区2处，为张家湾墓群、杨家河墓群；随县3处，为鲁城河墓群、田坡湾墓群、狮子湾遗址。

1. 地层堆积

明清文化层一般在耕土层下，多为灰色土层，在各文物点中分布不很均匀，堆积厚度在0.1～0.5米，平均厚度0.3米，土色偏深灰色，夹杂淡黄色，分布有烧过的草木灰处则显示黑红色；土质致密，容易板结而变得坚硬、龟裂。出土遗物主要有湖南和江西烧制的民窑青花瓷碗（杯）残片、黑瓷片、白瓷片，汉代以来的墓砖、瓦、铁钉和各时期陶片等。杨庄遗址第2、3层和九姓庄墓群第2层的年代可以早到明晚期到清初期；有些遗址地层的年代可晚到乾隆时期。

2. 主要遗迹

除吴家桥西墓地、熊河老营子遗址、白毛庄遗址外（这3处仅发现地层，未发现遗迹），南大堰遗址等17处文物点均发现有遗迹。遗迹的类型有墓葬、房址、灶、路、井、灰坑等。

（1）墓葬

共发现67座墓葬。可分为土坑墓、砖室墓和砖石混合墓三类。

1）土坑墓

共40座，形制相似，皆为长方形竖穴土坑墓。土坑一般长2～3、宽0.4～1.1、深0.6～1米，葬具用木棺，葬式为单人仰身直肢葬，头部两侧和枕骨下通常放置数块瓦护持头部，随葬品有单柄褐色釉带流陶罐、青花或青釉瓷碗、地券砖（韩冲墓群M14）、数枚铜钱、铜环。组合以1件瓷碗和1件瓷罐、2件瓷碗和1件瓷罐多见。陶罐和瓷碗多放置在头部或足部前浅坑内，也有的在墓壁窄头一端开土龛放置。单柄陶罐的柄多有被打碎者。

此类墓葬包括南大堰遗址M1，上河遗址M1，河里杜家墓地M13，斜子地墓地M1、M2，韩冲墓群M1～M4、M6～M9、M11～M14、M17～M22，河南墓地M1、M2、M9，张家湾墓群M2，小王家湾墓地M5，杨岗墓地M1～M4、M6、M9、M10，鲁城河墓群M1、M5～M8。河里杜家墓地M13，南北向，墓口长2、宽0.55～0.59、深0.87～0.9米，棺木已朽；在墓主头部两侧各竖置3块瓦，曲面均向头部，相距0.28米；头部下枕5块灰陶瓦，叠在一起，曲面向下。小王家湾M5，长1.9、上宽0.6、下宽0.4米，骨架保存比较完好，足部明显可以看出变形严重，墓主生前应该是裹足，推测为女性。

2）砖室墓

共26座。均在土坑内直接用长方形砖建造墓室，无墓道和甬道结构。墓室平面呈长方形，可分单室和双室。墓室长2～4、单室宽1.2～2.5、双室合宽4米左右。墓顶为券顶。部分墓葬的东、西两壁及头部壁带有立面呈竖长方形或"凸"字形的头龛或边龛1～2个，龛内放置瓷碗和釉陶罐。地面铺砖，有的加铺1～2层面积略大于棺面积的砖作为棺床。葬具多为木棺。随葬品除了瓷碗、陶罐外，还有银饰、铜首饰、铜钱、铁灯和地券砖等。河南墓地出土银耳坠1件、斜子地墓地出土铜顶针1件、韩冲墓群M15随葬朱砂书写券文的地券砖1方，河南墓地M6也出土砖质买地券1方。这些都是少见的较为重要的发现。铜钱以杨岗墓地出土最多，有康熙通宝2枚、不知名铜钱34枚；小王家湾墓地其次，有18枚；斜子地墓地出土铜钱8枚。

单室墓共23座，多为长方形单室墓，包括韩冲墓群M5、M15、M16，河南墓地M5～M8，张家湾墓群M1、M3，小王家湾墓地M1、M2，鲁城河墓群竹园湾片区M2～M4、卧云寨片区M9～M14，田坡湾墓群M11，杨家河墓群M12、M14。如韩冲墓群M5，砖室长3.24、宽1.26～1.45、残高0.95米；北壁下部有一"凸"字形龛，顶宽14、底宽33、高43厘米，进深8厘米。墓底面横向铺砖三道，每道为3块整砖加1块断砖，作为棺床使用。田坡湾墓群M11，墓室头端砌成左、右两个头龛，头龛顶砖长34.5、宽16.5、厚6厘米。

双室墓仅3座，其中小王家湾墓地2座（M3、M4）、杨岗墓地1座（M5）。其特征是两个长方形墓室并列，用一墙隔开，墙上开正方形孔相通。两室各自葬有人骨，地面共有一个封土堆，形成双人异室同茔合葬。小王家湾墓地M3、M4为典型例子，两座墓分别在北部中间有一头龛、东西壁各一龛，无铺地砖，券顶保存完好。杨岗墓地M5也为双室合葬墓，因故只清理东室。这类墓当是夫妻合葬墓。它是四川地区宋以来开始流行的"同坟而异葬"习俗的继承和发展。

3）砖石混合墓

仅发现1座，即杨家河墓群M8。墓室上部用青石盖板封顶，墓壁四周均用带半同心圆纹的汉砖叠砌而成，无铺地砖。砖室长1.68、宽0.42米，未见随葬器物。该墓规格较小，墓主应为小孩。该墓虽无随葬器物，但墓顶用青石盖板封顶、墓壁用半砖砌成、墓底无铺地砖的情形与邻近的张家湾墓群明代墓葬相同。

（2）居址

全线明清时期的居址发现较多，多数是残存的单项遗迹，如房址、灶、井、路、灰坑和灰沟等，分布范围小、保存较差、布局不很清楚。其中老河口杨庄遗址遗迹和遗物较多，较为重要。

杨庄遗址共发掘清理遗迹38处，其中房基2座、灶2处、灰坑17座、灰沟17条。房基F2仅残存4个柱洞和一段房屋基槽。柱洞呈东北—西南向排列，填土致密，为黄褐色略偏绿的花土，夹杂碎石块。基槽残长约2、宽约0.7、深约0.01米，东北—西南向，填土为黄褐色黏土，土质致密，孔隙较大。F2的主体应在柱洞和基槽的北面。

灶类遗迹平面形状大致呈葫芦形，东西长约2.15、南北宽0.87米。出烟孔呈东西向椭圆形，长0.15、宽0.12、深0.1米。东北部燃烧室大致呈尖桃形袋状，口部东西长0.82、南北宽0.72米。出烟孔和燃烧室间用一小楔形砖块隔开，其下有直径约12厘米的通道相连，以便于及时排出燃烧室产生的烟气。燃烧室西侧未封口，与工作区东侧相连。西南部工作区大致呈方形，靠近燃烧室的东部最深，然后逐渐向上收至西部与地面平齐。构筑方法为直接在第2层下开挖，然后用工具修整规范。从其形制观察，其具体构筑过程为先挖燃烧室，然后再分别向东修造出烟孔和向西挖工作区。这类灶的形制较为特殊。H2为长方形，坑底距坑口约1.48米。距坑口近1米深处发现一折断成两块的大石板，石板长1.55、宽0.76、厚0.05米，当为H2的盖板，故推测H2可能为一窖藏。坑底也有两块整齐的石板，石板长1.37、宽0.58米，石板四周有一环绕浅凹槽，内填石灰。灰坑出土黑褐色陶片、青瓷片和零星青花瓷片、1枚崇祯通宝和1枚顺治通宝。

杨庄遗址出土大量精美的南、北各窑场的瓷器标本。典型器物以景德镇窑各类青花碗、盘、杯为主。青花纹饰以菊花、蟠桃、螭龙和梵文居多，形态相近者在成都市下东大街第六期遗存中有发现，后者被定为明晚期至清中期。因此，推断遗址兴起于元代中晚期至明代早期，明代中期前后曾趋衰颓，明代晚期复兴，清代咸丰年间被彻底废弃，这是目前鄂北一带发现的屈指可数的晚期遗址之一，一定程度上填补了鄂北地区元明清时期考古的空白。

3. 文化性质及价值评估

此次发掘的明清墓葬颇多，分布在不同的文物点里。不少墓葬呈现有规律的分布状态。如韩冲墓群、小王家湾墓地、杨岗墓地等，推测应为家族墓地，墓主应为普通平民。从葬俗上来看，张家湾墓群随葬品中，有一件陶壶的柄部及一件青花瓷碗的口部被打掉，这两件器物在发现时同为一组，且墓葬中未见被打掉的碎片。结合杨家河墓群中南朝墓随葬的青瓷壶、罐的系部和盘口壶的口部均被打掉的现象，推测这可能为当地从南朝沿用到明代的一种埋葬习俗。这些为我们研究随州汉魏六朝及明代墓的埋葬习俗、墓葬形制等提供了宝贵材料。

此外，从部分遗址可窥见明清时期人们的生活情境。如上河遗址发现的灰坑中出土较多的砖块瓦片，应是当时房屋居址的遗留；G5、G6、G9连成一线，并继续向两端延伸，可能为水渠；水井的存在也与当时人们的日常活动息息相关；这一时期的遗存可能是当时村落的真实反映，为还原当时生活形态提供了线索。杨庄遗址在元代中晚期至明代早期遗存中，除前述灰坑、灰沟和各大窑系瓷器外，还有一座房基F2，表明此时杨庄遗址即是一处居址；明代中期前后，该遗址文化遗存骤然减少，确定为此时的地层和遗迹单位尚未发现，属此时的瓷器仅树石栏杆纹盘一种，数量极少，整体呈现出一副衰败的迹象；明晚期至清中期遗存丰富，遗迹除前述灰坑、灶外，亦有一座房基F1，遗物除景德镇窑青花外，还有较多铜钱、银饰和铁器等，复现了遗址元代中晚期至明代早期的繁荣景象；最晚至清咸丰七年（1857年），该遗址被彻底废弃，当地村民家中征集所得的柱础石即为力证。该柱础石上层表面刻有买地券，券文落款为"咸丰七年八月廿四日奉祀男傅行楹立"。又据村民回忆可知，此柱础石为20世纪80年代于杨庄遗址所在区域掘得，表明最晚至清咸丰七年杨庄遗址柱础石被拆除，改作买地券。河南墓地砖室墓的砖来源混杂，有较多的汉代几何纹砖，主要还是以素面青砖为主，同时也有素面红砖出现。这些墓砖，大多残缺破损，完整砖较少。可推断这批墓葬的营造中较注重经济性，多用生产生活中废弃的砖来建造墓室。

三、文物价值评估

通过以上对此次考古发掘工作成果的分述和综述，我们可以归纳出鄂北地区水资源配置工程沿线发掘的遗存有类型和数量丰富、资料新、学术价值大的特点。

（一）类型和数量丰富

一方面是遗迹类型和数量丰富。发现有房址、灶、井、窖穴、灰坑、道路、窑址和墓葬等多种。各类遗迹的种类也很丰富，比如墓葬就有土坑墓、砖室墓和石室墓之分，墓室的数量也有多寡。各类遗迹的数量也很丰富，经统计，其总数有891处，其中灰坑最多。

另一方面是遗物的类型和数量也很丰富。据不完全统计，33处文物点发掘出土文物类别有金银器、陶器、瓷器、铁器、铜器、石器、玉器、漆木器、骨器等，涉及日用生活器、生产工具、建筑器具、丧葬用器等方方面面，总量超过5万件，其中小件文物2360件。有相当数量的文物具有很高的历史价值，如老河口市上寨遗址出土的刀币，枣阳市小孙庄遗址出土的汉代金手镯和汉代骨（石）质项链，广水市大汪家湾墓地出土的绿色、蓝色玛瑙串珠、琉璃串珠、金片、"五行大布"铜钱等。

（二）资料新

鄂北地区处于平原和山地的过渡地带，自然条件较差，在各个历史时期，相对远离人口聚集、生产和文化较为发达的地区，处于一些核心文化圈之间的结合地带。同时，这一地区考古工作基础薄弱，考古调查虽然进行多次，但少有资料公布；考古发掘工作开展的也极少，以往仅在老河口市、襄州区、随州市等少数地点进行过抢救性发掘。因此我们对这一地区考古学文化与历史的发展知之甚少。此次考古调查和发掘工作是历史上首次对该地区进行全面、细致和深入的考古工作，并获得了很多最新的田野考古资料，多项资料填补了既往的空白。如襄州区河里杜家墓地和枣阳市小孙庄遗址发现的燧石石器弥补了当地旧石器时代考古的空白；广水市机场村遗址新发现的新石器时代煤山类型遗存和成片布局的规模较大的东周墓地在鄂北东部很罕见；广水市大汪家湾墓地北周到隋代墓地发现特征鲜明的墓葬和随葬品，可能揭示了这一时期与西北少数民族交流的史实；老河口市杨庄遗址发现大量遗迹和来自龙泉、景德镇窑的精美瓷器，首次揭示该地点可能是贸易通道上的重要集镇。

（三）学术价值大

此次考古发掘工作所获资料学术价值大，主要体现在以下几个方面。

1. 遗存年代序列较为完整、时间跨度大

从距今5万~3万年前的旧石器时代一直到明清时期，时间跨度数万年，首次系统揭示了鄂北地区考古学文化的发展序列。

2. 各时期的考古学文化内涵丰富、各具特点

新石器时代遗存的居址发现较多，但因发掘面积有限，布局不太清楚；墓葬很少；手工业生产主要以制陶和制作石器为主；晚期文化既有北方煤山类型的影响，也有江汉地区石家河文化的影响。两周时期主要发现零散的居址和少量的墓葬，葬制和出土陶器带有鲜明的楚文化风格，并受到中原周文化的影响。汉代遗存以墓葬为主，其中砖室墓较多，且大墓罕见，中小型墓葬多，主要反映的是中下层民众的文化；墓葬形制和随葬品与南阳和襄阳地区墓葬差异不大，但相对简化。宋元明清时期遗存亦主要是墓葬，其中砖室墓较多，多成片分布，多使用汉代花纹砖砌墓室，出土遗物多是来源于中原和长江中下游地区产的瓷器；此时期的文化受外来影响很大。

3. 各时期遗存内容的丰厚程度不一，呈现阶段性、间歇式发展的特点

旧石器时代遗存集中于晚期，数量较少，仅发现2处；新石器遗存发现7处；夏、商和西周时期的遗存几乎没有发现；西汉、魏晋时期的遗存极少，唐、五代的也很单薄；而东周、东汉、宋元、明清时期的遗存丰厚，分别有11、17、14、22处，占比分别达到33.3%、51.5%、42.4%和66.7%。

4. 各时期遗存的区域分布很不均衡

旧石器时代、夏商、西汉、六朝、唐等时期的遗存数量少，分布很分散；新石器时代遗址也分散在各个县（市）级行政区内；汉代到明清时期的遗存在老河口市、襄州区分布较密集；宋元明清时期的遗存分布密集，主要在枣阳以东到广水地区。

从地形上看，鄂北地区水资源配置工程区域以枣阳市南北一线为界，大致可以分为东、西两部分。西边是地形相对较低的平原地区，与北边的南阳盆地连成一体，其间有唐白河流入汉水，这里与唐县、邓州以及南阳交通甚为便利，人口较多，在历史上经济较为发达；而枣阳市以东及北部地区海拔逐渐增高，是桐柏山南麓的低岗地带，与北边的泌阳、桐柏、信阳的交通不便利，人口稀少，经济较前者落后。

综上所述，此次考古发掘工作获取了很多新资料，取得了重要的学术成果，其突出表现就是初步构建了鄂北地区考古学文化发展的时空框架和基本面貌。时间上，东周、东汉、宋元和明清时期是该地区考古学文化发展的繁盛时期，其他时期稍弱。空间上，最发达的是鄂北地区西部，包括老河口市、襄州区和枣阳市的广大地区。各时期考古学文化各具特色，它们不同程度受到中原地区和长江中下游地区文化的影响。

这一现象的出现有着深刻的历史背景。东周时期，楚国国力强盛，农业和手工业生产发达，文化艺术发展水平很高，楚文化向外扩张的势头强劲，因此工程沿线出现众多的中小型楚文化聚落是可以理解的。东汉时期，中央政府改变和调整了西汉时期的人口税赋政策，使得全国出现了人口大幅度增长的势头，南阳、襄阳地区也不例外，大家族逐渐增多；人口增

长带来了大量劳动力，他们加快了对鄂北地区岗地的开发，促进了水利设施的建设和经济的增长，这一时期的遗存中墓地和墓葬的增多，以及家族成员多人合葬习俗的出现，正是这一历史背景的反映。从元末明初开始一直到清代，湖北地区经历了历史上著名的大规模移民活动（"江西填湖广""湖广填四川"），江西移民占移民总数的70%以上，他们大部分移民到鄂东、江汉平原、鄂西北，鄂北地区明清文化受到江西文化影响就是这一背景的反映。

第四章

结 论

通过以上论述，我们大致可以获得以下结论。

第一，此次考古发掘工作任务部署周密，考古发掘实施方案设计科学合理，省、市各级政府、文物行政主管部门、鄂北地区水资源建设与管理部门、项目承担单位、项目协作单位、项目协调单位以及项目监理单位都高度重视，依法依规开展工作，组织严谨细致，人员与经费保障有力，工作实施有序，管理程序规范到位，监督检查措施得力。同时，各方通力合作，团结奋进，克服诸多困难，有力保障了考古发掘工作的顺利进行和圆满完成。另外，此次考古工作强化了田野工作现场管理，所有考古工地要求统一设置围挡、标语、标牌、工作着装，加强行业管理与宣传，行业形象得到显著改善与提高。

第二，项目承担单位均派出业务素质好、学术水平高、技术力量雄厚的专业研究人员和技术人员团队全程参与考古发掘工作，职称配备和业务分工合理高效。在考古发掘工作进行中，各单位严格遵守《田野考古工作规程》，普遍采用国内外先进的设备、技术和方法开展发掘和资料整理工作，发掘标准高，田野工作技术水平高，资料获取与保存的科学性、客观性和准确性高，从而使考古业务水平在国内同类考古发掘工作中处于领先地位；同时，湖北省内各级文博队伍的建设也在此次工作中得到进一步增强。

第三，取得的学术成果丰硕。发掘清理出大批珍贵的遗迹和遗物，类别众多、数量丰富，较清晰地构建了鄂北地区考古学文化发展的时空框架，进一步弄清了该地区各时期文化特征、性质与文化源流；一些新材料的发现，如襄州区河里杜家墓地和枣阳市小孙庄遗址旧石器时代遗物的发现扩展了我们对湖北旧石器文化分布范围的认识。这些资料为我们进一步研究湖北地区，尤其是鄂北地区的文化与历史发展打下了坚实基础。

第四，鄂北地区缺水的状况由来已久。此次共发现7口水井，其中东周时期4口，汉、元、明代各1口，大部分在老河口、襄州等鄂西北地区，仅1口在偏东的随县。水井的深度从1.7米到8.5米不等，东周井较浅，汉代逐渐加深。这些水井为我们了解历史上鄂北地区水资源利用的情况提供了珍贵资料。从东周以来，水井的深度逐渐加深，推断是因缺水的状况在逐渐加重。历史上，当地远离河流的人们只有依靠挖井来解决生产或生活用水，这严重制约了当地社会经济的发展。鄂北地区水资源配置工程的实施必将开创历史、造福当地。

附录

附表一　鄂北地区水资源配置工程文物保护项目（勘探阶段）一览表

序号	名称	地点	承担单位	协调单位	协作单位
1	纪洪北岗墓群	老河口市袁冲乡纪洪自然村东	四川大学	襄阳市文化新闻出版局（襄阳市文物局）	老河口市博物馆
2	杨庄遗址	老河口市袁冲乡杜家庄村杨庄自然村西南80米	四川大学	襄阳市文化新闻出版局（襄阳市文物局）	老河口市博物馆
3	杜家庄遗址	老河口市袁冲乡杜家庄村杜家庄自然村北	十堰市博物馆	襄阳市文化新闻出版局（襄阳市文物局）	老河口市博物馆
4	吴家桥西遗址	老河口市袁冲乡吴家桥村吴家桥自然村中西部	十堰市博物馆	襄阳市文化新闻出版局（襄阳市文物局）	老河口市博物馆
5	小刘岗遗址	老河口市孟楼镇申家楼村申家楼自然村与小刘岗自然村结合部	十堰市博物馆	襄阳市文化新闻出版局（襄阳市文物局）	老河口市博物馆
6	长尺地遗址	老河口市孟楼镇小黄营村小黄营自然村东北	郑州大学	襄阳市文化新闻出版局（襄阳市文物局）	老河口市博物馆
7	南大堰遗址	老河口市孟楼镇小黄营村小黄营自然村东南	郑州大学	襄阳市文化新闻出版局（襄阳市文物局）	老河口市博物馆
8	上河遗址	老河口市孟楼镇曹家坡村任家营自然村南	中国人民大学	襄阳市文化新闻出版局（襄阳市文物局）	老河口市博物馆
9	熊河老营子遗址	老河口市孟楼镇熊河村熊河老营子自然村西南	宜昌市博物馆	襄阳市文化新闻出版局（襄阳市文物局）	老河口市博物馆
10	小王堰遗址	老河口市薛集镇小王堰村小王堰自然村北	黄石市博物馆	襄阳市文化新闻出版局（襄阳市文物局）	老河口市博物馆
11	墓子地遗址	老河口市薛集镇曾家岗村张洼自然村东北	中国人民大学	襄阳市文化新闻出版局（襄阳市文物局）	老河口市博物馆
12	上寨遗址	老河口市薛集镇上寨村上寨自然村西400米	南京大学，河南大学	襄阳市文化新闻出版局（襄阳市文物局）	老河口市博物馆
13	九姓庄墓群	襄州区石桥镇张营村九姓庄自然村北	武汉大学	襄阳市文化新闻出版局（襄阳市文物局）	襄州区文物管理处
14	河里杜家墓地	襄州区石桥镇前常村五组河里杜家自然村东北	孝感市博物馆	襄阳市文化新闻出版局（襄阳市文物局）	襄州区文物管理处
15	斜子地墓地	襄州区黄集镇大王村七组大王大王自然村南鱼塘	随州市博物馆	襄阳市文化新闻出版局（襄阳市文物局）	襄州区文物管理处
16	赵马岗遗址	襄州区黄集镇大王村一组赵马岗自然村东边	随州市博物馆	襄阳市文化新闻出版局（襄阳市文物局）	襄州区文物管理处
17	太山庙遗址	襄州区黄集镇太山庙村太山庙自然村与丁家岗自然村之间	厦门大学	襄阳市文化新闻出版局（襄阳市文物局）	襄州区文物管理处
18	杨岗墓地	襄州区黄集镇王店村三组杨岗村南	厦门大学	襄阳市文化新闻出版局（襄阳市文物局）	襄州区文物管理处
19	车屋程家墓地	襄州区古驿镇宋湾村一组车屋程家湾，白河西	厦门大学	襄阳市文化新闻出版局（襄阳市文物局）	襄州区文物管理处
20	小梁冲墓地	襄州区程河镇宋庄村十组小梁冲湾	荆州博物馆	襄阳市文化新闻出版局（襄阳市文物局）	襄州区文物管理处
21	宋庄墓地	襄州区程河镇宋庄村八组宋庄湾南	荆州博物馆	襄阳市文化新闻出版局（襄阳市文物局）	襄州区文物管理处
22	李沟遗址	枣阳市七方镇秦庄村李沟自然村	荆州博物馆	襄阳市文化新闻出版局（襄阳市文物局）	枣阳市文物考古队
23	韩冲墓群	枣阳市七方镇秦庄村韩冲自然村	荆州博物馆	襄阳市文化新闻出版局（襄阳市文物局）	枣阳市文物考古队

续表

序号	名称	地点	承担单位	协调单位	协作单位
24	文庄遗址	枣阳市七方镇文庄村文庄自然村西	北京联合大学	襄阳市文化新闻出版局（襄阳市文物局）	枣阳市文物考古队
25	杨坡遗址	枣阳市环城办事处杨坡村	北京联合大学	襄阳市文化新闻出版局（襄阳市文物局）	枣阳市文物考古队
26	钟岗墓地	枣阳市环城办事处钟岗村	北京联合大学	襄阳市文化新闻出版局（襄阳市文物局）	枣阳市文物考古队
27	小孙庄遗址	枣阳市环城办事处孙庄村小孙庄自然村	北京联合大学	襄阳市文化新闻出版局（襄阳市文物局）	枣阳市文物考古队
28	白毛庄遗址	枣阳市兴隆镇优良村白毛庄自然村	武汉市文物考古研究所	襄阳市文化新闻出版局（襄阳市文物局）	枣阳市文物考古队
29	水寨子遗址	枣阳市兴隆镇杨楼社区二组水寨子湾	武汉市文物考古研究所	襄阳市文化新闻出版局（襄阳市文物局）	枣阳市文物考古队
30	河南墓地	枣阳市兴隆镇兴隆村六组	武汉市文物考古研究所	襄阳市文化新闻出版局（襄阳市文物局）	枣阳市文物考古队
31	小王家湾墓地	枣阳市兴隆镇刘湾村小王家湾北	武汉市文物考古研究所	襄阳市文化新闻出版局（襄阳市文物局）	枣阳市文物考古队
32	狮子湾遗址	随县万福店镇黑龙口村二组	湖北省文物考古研究所	随州市文化新闻出版局（随州市文物局）	随县考古队
33	黄土湾墓群	随县万福店镇黑龙口村二组	湖北省文物考古研究所	随州市文广新局（随州市文物局）	随县考古队
34	戴家河沟墓群	随县万福店镇三口堰村一组戴家河沟湾北	襄阳市文物考古研究所	随州市文广新局（随州市文物局）	随县考古队
35	李家湾墓群	随县万福店镇三口堰村二组李家湾北	襄阳市文物考古研究所	随州市文广新局（随州市文物局）	随县考古队
36	卧云寨墓群	随县唐县镇鲁坡河村五组土湾东北	襄阳市文物考古研究所	随州市文广新局（随州市文物局）	随县考古队
37	竹园墓群	随县唐县镇卧云村六组竹园湾北	襄阳市文物考古研究所	随州市文广新局（随州市文物局）	随县考古队
38	田坡湾墓群	随县吴山镇群玉村三组田坡湾东南	湖北省文物考古研究所	随州市文广新局（随州市文物局）	随县考古队
39	张家湾墓群	曾都区万店镇新中村七组张家湾北	咸宁市博物馆	随州市文广新局（随州市文物局）	曾都区文物局
40	杨家河墓群	曾都区万店镇新中村七组杨家河湾中	咸宁市博物馆	随州市文广新局（随州市文物局）	曾都区文物局
41	照墙湾墓地	广水市余店镇中心村与团结村交界的照墙湾	恩施州博物馆	随州市文广新局（随州市文物局）	广水市文体局
42	叶家湾墓地	广水市余店镇双河村九组叶家湾	恩施州博物馆	随州市文广新局（随州市文物局）	广水市文体局
43	河口湾墓地	广水市蔡河镇杏仁山村十组河口湾北	恩施州博物馆	随州市文广新局（随州市文物局）	广水市文体局
44	机场村遗址	广水市蔡河镇灯岗村和机场村	湖北省文物考古研究所	随州市文广新局（随州市文物局）	广水市文体局
新1	宋冈遗址	襄州区古驿镇宋冈村	襄阳市文物考古研究所	襄阳市文化新闻出版局（襄阳市文物局）	襄州区文物管理处
新2	余沟墓群	襄州区古驿镇余沟村	荆州博物馆	襄阳市文化新闻出版局（襄阳市文物局）	襄州区文物管理处
新3	大汪家湾墓地	广水市余店镇双河村	恩施州博物馆	随州市文广新局（随州市文物局）	广水市文体局

附表二　鄂北水资源配置工程文物保护项目承担单位信息表

序号	名称	地点	承担单位	工作任务分工						专业技术等级				
				项目负责人	报告整理	钻探	航拍测绘	摄影	后勤安保	研究员/教授	副研究员/副教授	助理研究员/讲师	职员研究生等	其他
1	纪洪北岗墓群	老河口市袁冲乡纪洪自然村东	四川大学	白彬	4	5	6	2	7	1			9	3
2	杨庄遗址	老河口市袁冲乡杜家庄村杨庄自然村西南80米	四川大学	白彬	4	5	6	2	7	1			9	3
3	杜家庄遗址	老河口市袁冲乡杜家庄村杜家庄自然村北	十堰市博物馆	胡勤	3	4	3	1	1		1	3	1	
4	吴家桥西遗址	老河口市袁冲乡吴家桥村中西部	十堰市博物馆	胡勤	3	4	3	1	1		1	3	1	3
5	小刘岗遗址	老河口市孟楼镇申家楼村申家楼自然村与小刘岗自然村结合部	十堰市博物馆	胡勤	3	4	3	1	1		1	3	1	
6	长尺地遗址	老河口市孟楼镇小黄营村小黄营自然村东北	郑州大学	韩国河	4	3	5	2	3					
7	南大堰遗址	老河口市孟楼镇小黄营村小黄营自然村东南	郑州大学	张继华	3	3	5	2	3		1			
8	上河遗址	老河口市孟楼镇曹家坡村任家营自然村南	中国人民大学	李梅田	4	5	4	1	3	1			6	5
9	熊河老营子遗址	老河口市孟楼镇熊河村熊河老营子自然村西南	宜昌博物馆	吴义兵	1	3	1	1	1	1			4	1
10	小王堰遗址	老河口市薛集镇小王堰村小王堰自然村北	黄石市博物馆	胡新生	1	6	4	1						
11	墓子地遗址	老河口市薛集镇曾家岗村张洼自然村东北	中国人民大学	王晓琨	2	18	3	3	2				8	
12	上寨遗址	老河口市薛集镇上寨村上寨自然村西400米	南京大学、河南大学	水涛	2	10	2	1		1	1	3	7	2

续表

序号	名称	地点	承担单位	工作任务分工						专业技术等级				
				项目负责人	报告整理	钻探	航拍测绘	摄影	后勤安保	研究员/教授	副研究员/副教授	助理研究员/讲师	职员/研究生等	其他
13	九姓庄墓群	襄州区石桥镇张营村九姓庄自然村北	武汉大学	贺世伟	2	5	4	3	1		1	2	3	4
14	河里杜家墓地	襄州区石桥镇前常村五组河里杜家自然村东北	孝感市博物馆	孟华平	1	8	3	1	1	1	2	2	3	
15	斜子地墓地	襄州区黄集镇大王村七组大王自然村南鱼塘	随州市博物馆	孟华平	4	2	2	1	1	1	2	1	6	
16	赵马岗遗址	襄州区黄集镇大王村一组赵马岗自然村东边	随州市博物馆	高旭旌	4	2	2	1	1	2	1	1	7	
17	太山庙遗址	襄州区黄集镇太山庙村太山庙自然村与丁家岗村之间	厦门大学	张闻捷	1	5	2	2	1	1			8	
18	杨岗墓地	襄州区黄集镇王庄村三组杨岗湾南	厦门大学	张闻捷	2	3	3	2	1	1			5	5
19	车程家墓地	襄州区古驿镇宋湾村一组车程家湾，白河西	厦门大学	王新天	3	3	6	2	1		1	1	5	9
20	小梁冲墓地	襄州区程河镇宋庄村十组小梁冲湾	荆州博物馆	肖玉军	2	3	3	1	1				5	5
21	宋庄墓地	襄州区程河镇宋庄村八组宋庄湾南	荆州博物馆	肖玉军	2	3	3	1	1			1	1	5
22	李沟遗址	枣阳市七方镇秦庄村李沟自然村	荆州博物馆	赵晓斌	2	2	2	2	1		1		6	
23	韩冲墓群	枣阳市七方镇秦庄村韩冲自然村	荆州博物馆	赵晓斌	2	2	2	2	1		1		6	
24	文庄遗址	枣阳市七方镇文庄村文庄自然村西	北京联合大学	冯小波	1	7	3	2	1	1			7	

续表

序号	名称	地点	承担单位	项目负责人	工作任务分工					专业技术等级				
					报告整理	钻探	航拍测绘	摄影	后勤安保	研究员/教授	副研究员/副教授	助理研究员/讲师	职员研究生等	其他
25	杨坡遗址	枣阳市环城办事处杨坡村	北京联合大学	冯小波	1	7	3	2	1	1			7	
26	钟岗墓地	枣阳市环城办事处钟岗村	北京联合大学	冯小波	1	7	3	2	1	1			7	
27	小孙庄遗址	枣阳市环城办事处孙庄村小孙庄自然村	北京联合大学	冯小波	1	7	3	2	1	1			7	
28	白毛庄遗址	枣阳市兴隆镇优良村白毛庄自然村	武汉市文物考古研究所	魏航空	4	3	3	1	1	1	1		4	
29	水寨子遗址	枣阳市兴隆镇杨楼社区二组水寨子湾	武汉市文物考古研究所	李永康	3	2	2	1	2	1			3	
30	河南墓地	枣阳市兴隆镇兴隆村六组	武汉市文物考古研究所	雷兴军	2	4	2	2	1	1	1		3	
31	小王家湾墓地	枣阳市兴隆镇刘湾村小王家湾北	武汉市文物考古研究所	许志斌	3	3	2	2	1		1		5	
32	狮子湾遗址	随县万福店镇黑龙口村二组	湖北省文物考古研究所	陆成秋	1	10	2	2	1		1		9	
33	黄土湾墓群	随县万福店镇黑龙口村二组	湖北省文物考古研究所	陆成秋	1	10	2	2	1		1		9	
34	戴家河沟墓群	随县万福店镇三口堰村一组戴家河沟湾北	襄阳市文物考古研究所	杨一	1	9	4	3	2				7	2
35	李家湾墓群	随县万福店镇三口堰村二组李家湾西	襄阳市文物考古研究所	杨一	1	9	4	3	2				7	2
36	卧云寨墓群	随县唐县镇鲁城河村五组土湾东北	襄阳市文物考古研究所	杨一	1	9	4	3	2				7	2

续表

序号	名称	地点	承担单位	项目负责人	工作任务分工					专业技术等级				
					报告整理	钻探	航拍测绘	摄影	后勤安保	研究员/教授	副研究员/副教授	助理研究员/讲师	职员研究生等	其他
37	竹园墓群	随县唐县镇卧云村六组竹园湾北	襄阳市文物考古研究所	杨一	1	9	4	3	2				7	2
38	田坡湾墓群	随县吴山镇群玉村三组田坡湾东南	湖北省文物考古研究所	熊北生	2	9	5	2	1	1			9	
39	张家湾墓群	曾都区万店镇新中村七组张家湾北	咸宁市博物馆	罗运兵	3	8	3	2	2	2	1		5	
40	杨家河墓群	曾都区万店镇新中村七组张杨家河湾中	咸宁市博物馆	罗运兵	3	8	3	2	2	2	1		5	
41	照墙湾墓地	广水市余店镇中心村与团结村交界的照墙湾	恩施州博物馆	王晓宁	3	8	3	2	2		1		8	
42	叶家湾墓地	广水市余店镇双河村九组叶家湾	恩施州博物馆	王晓宁	3	8	3	2	2		1		8	
43	河口湾墓地	广水市蔡河镇杏仁山村十组河口湾中	恩施州博物馆	王晓宁	3	8	3	2	2		1		8	
44	机场村遗址	广水市蔡河镇灯岗村和机场村	湖北省文物考古研究所	高旭崖	1	7	3	2	2		1		8	
新1	宋湾遗址	襄州区古驿镇宋湾村	襄阳市文物考古研究所	王伟	2	5	3	4	1	1	1		11	
新2	余沟墓群	襄州区古驿镇余沟村	荆州博物馆	肖玉军	2	3	3	1	1		1			5
新3	大汪家湾墓地	广水市余店镇双河村	恩施州博物馆	王晓宁	3	6	2	2	4	1				

附表三　鄂北地区水资源配置工程文物保护项目勘探成果信息一览表

序号	名称	地点	承担单位	合同勘探面积/平方米	实际勘探面积/平方米	合同发掘面积/平方米	勘探深度/米	文化层	
1	纪洪北岗墓群	老河口市袁冲乡纪洪自然村东	四川大学	2000	40000	300	0.5~2	未见	
2	杨庄遗址	老河口市袁冲乡杜家庄村杨庄自然村西南80米	四川大学	2000	3000	300	0.5~2	3~5层	
3	杜家庄遗址	老河口市袁冲乡杜家庄村杜家庄自然村北	十堰市博物馆	3000	40000	100	0.31~1.58	未见	
4	吴家桥西遗址	老河口市袁冲乡吴家桥村吴家桥自然村中西部	十堰市博物馆	1500	75000	50	0.3~2.35	未见	
5	小刘岗遗址	老河口市孟楼镇申家楼村申家楼自然村与小刘岗自然村结合部	十堰市博物馆	3000	50000	50	0.26~1.38	未见	
6	长尺地遗址	老河口市孟楼镇小黄营村小黄营自然村东北	郑州大学	4000	400000	1000	1.1~1.4	2层	
7	南大堰遗址	老河口市孟楼镇小黄营村小黄营自然村东南	郑州大学	4000	200000	1000	0.8~2.2	1~2层，层厚0.1~0.4米	
8	上河遗址	老河口市孟楼镇曹家坡村任家营自然村南	中国人民大学	2000	16400	600	0.2~7	1层，厚0.3~0.6米	
9	熊河老营子遗址	老河口市孟楼镇熊河村熊河老营子自然村西南	宜昌博物馆	2000	5000	300	0.5~1.4	1层，厚0.3~0.4米	
10	小王堰遗址	老河口市薛集镇小王堰村小王堰自然村北	黄石市博物馆	2000	20000	300	0.3~1.1	1层，厚0.6米	
11	墓子地遗址	老河口市薛集镇曾家岗村张洼自然村东北	中国人民大学	3000	17200	1000	0.5~3.1	1层，厚0.5~0.9米	
12	上寨遗址	老河口市薛集镇上寨村上寨自然村西400米	南京大学、河南大学	3000	50000	1000	0.4~1.1	2层，总厚0.4~1.1米	

墓葬	其他遗迹	重要遗物	年代	价值评估	遗址面积/平方米	保护级别	以往工作
砖室墓7座		花纹砖、釉陶片	东汉	价值大	80000	老河口市文物保护单位	清理2座东汉墓
	瓦砾、石板堆积	石板、青瓷、青花瓷、砖瓦等	宋元、明	价值大	70000		1987年调查
		灰陶罐、砖瓦、瓷片等	汉、明	被破坏，价值小	50000		
汉砖室墓3座、近代土坑墓2座		汉代陶盆、花纹砖等	汉代、近代	价值大	8800	老河口市文物保护单位	
		地表采集的遗物有绳纹筒、板瓦片，泥质灰陶盆、罐残片、瓷片等，探孔内可见少量瓷片等	汉、明清	被破坏，价值小	60000		调查有汉到明清遗物
	灰坑23座	红、灰陶片，砖，石器	新石器到汉	价值大	750000	老河口市文物保护单位	二普时发现
土坑墓1座	灰坑53座	陶鬲、陶罐等	东周	价值大	62500	老河口市文物保护单位	二普时发现
		花纹砖	汉	价值中等	15000		1996年发掘的老河口曹营战国墓。在距离上河遗址约1.2千米远的曹营抢救清理了5座墓葬。《江汉考古》1997年第3期
土坑墓4座	灰坑1座、沟1条、窑1座	红烧土、炭粒及灰黑陶等	战国、汉、明清	价值中等	5000		三普时发现，采集有陶鬲足、陶折腹盘、陶高领罐、石斧等遗物。时代为新石器时代。2014年复查
砖室墓3座		陶片、砖瓦	汉、六朝、宋	价值中等	30000		三普时发现
	灰坑18座	陶鼎和陶鬲残片、花纹砖	战国、东汉	价值大			2014年发现，战国到汉陶片、砖
	遗迹11处	陶鼎残片等	战国到汉	价值大		老河口市文物保护单位	二普时发现

序号	名称	地点	承担单位	合同勘探面积/平方米	实际勘探面积/平方米	合同发掘面积/平方米	勘探深度/米	文化层
13	九姓庄墓群	襄州区石桥镇张营村九姓庄自然村北	武汉大学	3000	200000	300	0.6～2	1层，厚0.3～0.4米
14	河里杜家墓地	襄州区石桥镇前常村五组河里杜家自然村东北	孝感市博物馆	1500	5088	200	0.2～2	3层
15	斜子地墓地	襄州区黄集镇大王村七组大王自然村南鱼塘	随州市博物馆	1000	45000	100	0.5～1.1	2～3层
16	赵马岗遗址	襄州区黄集镇大王村一组赵马岗自然村东边	随州市博物馆	800	30000	100	0.5～1.2	2～3层
17	太山庙遗址	襄州区黄集镇太山庙村太山庙自然村与丁家岗自然村之间	厦门大学	1000	48000	100	0.3～1.1	4层
18	杨岗墓地	襄州区黄集镇王庄村三组杨岗湾南	厦门大学	1000	8000	50	0.3～0.7	3层
19	车屋程家墓地	襄州区古驿镇宋湾村一组车屋程家湾，白河西	厦门大学	2000	15000	500	0.5～1.5	未见
20	小梁冲墓地	襄州区程河镇宋庄村十组小梁冲湾	荆州博物馆	1000	8700	300	0.3～0.7	未见
21	宋庄墓地	襄州区程河镇宋庄村八组宋庄湾南	荆州博物馆	800	9600	80	0.3～0.7	2～3层
22	李沟遗址	枣阳市七方镇秦庄村李沟自然村	荆州博物馆	800	10000	80	0.3～0.7	2层
23	韩冲墓群	枣阳市七方镇秦庄村韩冲自然村	荆州博物馆	1000	10000	300	0.3～0.7	2层
24	文庄遗址	枣阳市七方镇文庄村文庄自然村西	北京联合大学	3000	5540	300	0.4～0.92	未见

墓葬	其他遗迹	重要遗物	年代	价值评估	遗址面积/平方米	保护级别	以往工作
砖室墓5座	建筑基址1座、灰坑1座	砖、瓷片	汉、宋、明清	价值中等	250000		2014年发现
砖室墓6座	窑址3座、遗迹1处、汉代堆积1处	几何纹墓砖、烧土土样及砖	东汉	价值中等	2000		
土坑墓3座	明代散瓦遗存、明代车水沟、明清时期玉皇庙遗址、秦汉聚落遗存	花纹墓砖、绳纹筒、板瓦	秦汉、明代	价值中等			
	汉代瓦砾堆积、宋明时期的水沟、晚清时期砖瓦窑	花纹墓砖、绳纹瓦块	东汉、宋、明清	价值大	30000		
		陶瓷片	宋元	价值小	48000		
墓葬4座	灰坑3座	青砖	明清	价值中等	357		
汉墓21座，包括土坑墓和砖室墓，砖室墓保存较好	墓地东南侧约200米，中铁十七局六标段项目部围墙范围内发现一片面积约3000平方米的周代至汉代居住遗址，文化层厚度0.6~0.8米	汉代菱形纹、回纹、几何纹墓砖	东汉	价值大	15000		
砖室墓1座、土坑墓2座			宋、清至民国	价值小			
砖室墓1座	建筑基址3座、砖井1口	绳纹砖，宋及明清时期砖瓦、瓷片	宋至清	价值小	9600		
砖室墓1座	宋明遗迹	绳纹墓砖、条形石	东汉、宋、明清	价值小			2014年湖北省文物考古研究所在"鄂北地区水资源配置工程"考古调查工作时发现
墓冢1座（编号HCM1）		汉代瓦、陶器残片	汉代	价值中等	10000		三普在韩冲自然村东北方的0244与0245号高压线塔之间发现"十三亩地"台地上的墓冢
	罗家墓地	陶片	汉代	破坏严重，价值小			

序号	名称	地点	承担单位	合同勘探面积/平方米	实际勘探面积/平方米	合同发掘面积/平方米	勘探深度/米	文化层
25	杨坡遗址	枣阳市环城办事处杨坡村	北京联合大学	1000	1084	50	0.6～0.68	1层
26	钟岗墓地	枣阳市环城办事处钟岗村	北京联合大学	1000	1248	50	0.5～0.6	未见
27	小孙庄遗址	枣阳市环城办事处孙庄村小孙庄自然村	北京联合大学	800	1584	50	0.75～1.05	1层
28	白毛庄遗址	枣阳市兴隆镇优良村白毛庄自然村	武汉市文物考古研究所	1000	100000	100	0.2～1	2～3层
29	水寨子遗址	枣阳市兴隆镇杨楼社区二组水寨子湾	武汉市文物考古研究所	1000	1000	100	0.78～0.92	3～4层
30	河南墓地	枣阳市兴隆镇兴隆村六组	武汉市文物考古研究所	2000	10000	100	0.5～1.6	未见
31	小王家湾墓地	枣阳市兴隆镇刘湾村小王家湾北	武汉市文物考古研究所	2000	2200	50	0.2～1.7	3层
32	狮子湾遗址	随县万福店镇黑龙口村二组	湖北省文物考古研究所	3000	9500	500	0.15～1.22	2层
33	黄土湾墓群	随县万福店镇黑龙口村二组	湖北省文物考古研究所	1000	2000	100	0.15～0.35	未见
34	戴家河沟墓群	随县万福店镇三口堰村一组戴家河沟湾北	襄阳市文物考古研究所	1000	5400	100	0.15～0.25	未见
35	李家湾墓群	随县万福店镇三口堰村二组李家湾北	襄阳市文物考古研究所	1500	8000	300	0.25～0.35	未见
36	卧云寨墓群	随县唐县镇鲁城河村五组土湾东北	襄阳市文物考古研究所	1000	23100	50	0.4～2.3	2层

续表

墓葬	其他遗迹	重要遗物	年代	价值评估	遗址面积/平方米	保护级别	以往工作
	灰沟1条		明清	价值小	500		
			待定	价值小			
砖室墓3座	古文化遗存4处、灰坑1座	陶片	宋代至明清	价值中	450		
		青花瓷片、白瓷片、布纹瓦片及少量泥质灰陶片、夹砂灰陶片、红陶片（陶片纹饰可见有细绳纹、网格纹）	东周至宋明	价值大	15000		湖北省文物考古研究所在前期沿线文物调查工作中，在沟槽断面采集到1件宋代残灯盏，暂定白毛庄遗址为宋明遗址点
		明清青砖、建筑构件	明清	价值中等	600		
砖室墓3座、土坑墓2座		几何纹汉砖、白膏泥、蚌壳	战国、汉代、宋代	价值大			由于鄂北地区水资源配置工程建设需要，相关单位在兴隆村进行调查，发现了有墓葬存在的迹象，遂定为河南墓地
砖室墓2座		墓砖	西汉、明代	价值小	6000		2014年在配合鄂北水资源配置工程中调查发现，时代为汉代
	聚落遗址	绳纹陶片和碎砖瓦	东周、汉代	价值大	35000		
砖室墓1座		青砖及封土堆结构	东汉、明清	价值大，填补空白	130		
		砖渣	东汉	价值小	0		
		砖渣	东汉	价值小	0		
砖室墓6座		青砖及碎陶片	东汉	价值大，填补空白	14500		

序号	名称	地点	承担单位	合同勘探面积/平方米	实际勘探面积/平方米	合同发掘面积/平方米	勘探深度/米	文化层
37	竹园墓群	随县唐县镇卧云村六组竹园湾北	襄阳市文物考古研究所	1000	8700	50	0.25～0.35	未见
38	田坡湾墓群	随县吴山镇群玉村三组田坡湾东南	湖北省文物考古研究所	3000	25000	1000	0.75～1	未见
39	张家湾墓群	曾都区万店镇新中村七组张家湾北	咸宁市博物馆	1000	4600	100	0.2～1.3	未见
40	杨家河墓群	曾都区万店镇新中村七组张杨家河湾中	咸宁市博物馆	2000	6500	300	0.3～1.85	未见
41	照墙湾墓地	广水市余店镇中心村与团结村交界的照墙湾	恩施州博物馆	800	1000	80	0.2～0.7	未见
42	叶家湾墓地	广水市余店镇双河村九组叶家湾	恩施州博物馆	800	1500	80	0.5～1	未见
43	河口湾墓地	广水市蔡河镇杏仁山村十组河口湾北	恩施州博物馆	1000	1500	100	0.3～0.7	未见
44	机杨村遗址	广水市蔡河镇灯岗村和机场村	湖北省文物考古研究所	3000	90000	1000	0.3～2	1层
新1	宋湾遗址	襄州区古驿镇宋湾村	襄阳市文物考古研究所	10000	8000	400	0.5～2.2	2层
新2	余沟墓群	襄州区古驿镇余沟村	荆州博物馆		76120		0.2～0.4	未见
新3	大汪家湾墓地	广水市余店镇双河村	恩施州博物馆		4200		0.4～0.69	未见
备注	价值评估栏：根据遗址面积大小、文化层的厚薄程度、遗迹和遗物的多少、年代的早晚以及保存状况的好坏大致分为价值大、中、小三个等级							

墓葬	其他遗迹	重要遗物	年代	价值评估	遗址面积/平方米	保护级别	以往工作
土坑墓6座、砖室墓2座		青砖及碎陶片	东汉	价值小，填补空白	5700		
砖室墓10座		几何纹、绳纹灰砖	汉代	价值大，填补空白			
土坑墓15座		墓砖	东汉晚期至魏晋	价值大，填补空白			
汉魏砖墓13座、土坑墓20座		墓砖	汉、六朝、明代	价值大，填补空白			
砖室墓6座		青灰墓砖及少量石灰	明清	价值小			
砖室墓5座		墓砖	明清	价值小			
砖室墓8座		墓砖	清	价值小			
土坑墓4座		陶鼎、陶罐残片	夏商、东周	价值大	20000		
砖室墓5座	灰坑	菱形几何纹墓砖、单面绳纹的墓砖、夹砂红陶鬲足、竹节形陶豆柄、附加堆纹陶片，陶兽角	东汉至六朝	价值大	3000		
砖室墓25座		灰砖	东汉至六朝	价值大	2500		
砖室墓11座		几何纹墓砖	六朝	价值大，填补空白			

附表四　鄂北地区水资源配置工程考古发掘项目一览表

序号	名称	地点	承担单位	协调单位	协作单位	备注
1	纪洪北岗墓群	老河口市袁冲乡纪洪自然村东	四川大学	襄阳市文化新闻出版局（襄阳市文物局）	老河口市博物馆	
2	杨庄遗址	老河口市袁冲乡杜家庄村杨庄自然村西南80米	四川大学	襄阳市文化新闻出版局（襄阳市文物局）	老河口市博物馆	
3	吴家桥西墓地	老河口市袁冲乡吴家桥村吴家桥自然村中西部	十堰市博物馆	襄阳市文化新闻出版局（襄阳市文物局）	老河口市博物馆	并项。将杜家庄遗址、小刘岗遗址并入
4	长尺地遗址	老河口市孟楼镇小黄营村小黄营自然村东北	郑州大学	襄阳市文化新闻出版局（襄阳市文物局）	老河口市博物馆	
5	南大堰遗址	老河口市孟楼镇小黄营村小黄营自然村东南	郑州大学	襄阳市文化新闻出版局（襄阳市文物局）	老河口市博物馆	
6	上河遗址	老河口市孟楼镇曹家坡村任家营自然村南	中国人民大学	襄阳市文化新闻出版局（襄阳市文物局）	老河口市博物馆	
7	熊河老营子遗址	老河口市孟楼镇熊河村熊河老营子自然村西南	宜昌博物馆	襄阳市文化新闻出版局（襄阳市文物局）	老河口市博物馆	
8	小王堰遗址	老河口市薛集镇小王堰村小王堰自然村北	黄石市博物馆	襄阳市文化新闻出版局（襄阳市文物局）	老河口市博物馆	
9	墓子地遗址	老河口市薛集镇曾家岗村张洼自然村东北	中国人民大学	襄阳市文化新闻出版局（襄阳市文物局）	老河口市博物馆	
10	上寨遗址	老河口市薛集镇上寨村上寨自然村西400米	南京大学、河南大学	襄阳市文化新闻出版局（襄阳市文物局）	老河口市博物馆	
11	九姓庄墓群	襄州区石桥镇张营村九姓庄自然村北	武汉大学	襄阳市文化新闻出版局（襄阳市文物局）	襄州区文物管理处	
12	河里杜家墓地	襄州区石桥镇前常村五组河里杜家自然村东北	孝感市博物馆	襄阳市文化新闻出版局（襄阳市文物局）	襄州区文物管理处	
13	斜子地墓地	襄州区黄集镇大王村七组大王自然村南鱼塘	随州市博物馆	襄阳市文化新闻出版局（襄阳市文物局）	襄州区文物管理处	
14	赵马岗遗址	襄州区黄集镇大王村一组赵马岗自然村东边	随州市博物馆	襄阳市文化新闻出版局（襄阳市文物局）	襄州区文物管理处	
15	杨岗墓地	襄州区黄集镇王庄村三组杨岗湾南	厦门大学	襄阳市文化新闻出版局（襄阳市文物局）	襄州区文物管理处	并项。将原太山庙遗址并入

续表

序号	名称	地点	承担单位	协调单位	协作单位	备注
16	车屋程家墓地	襄州区古驿镇宋湾村一组车屋程家湾，白河西	厦门大学	襄阳市文化新闻出版局（襄阳市文物局）	襄州区文物管理处	
17	宋湾遗址	襄州区古驿镇宋湾村	襄阳市文物考古研究所	襄阳市文化新闻出版局（襄阳市文物局）	襄州区文物管理处	原编号新1
18	余沟墓群	襄州区古驿镇余沟村	荆州博物馆	襄阳市文化新闻出版局（襄阳市文物局）	襄州区文物管理处	原编号新2
19	李沟遗址	枣阳市七方镇秦庄村李沟自然村	荆州博物馆	襄阳市文化新闻出版局（襄阳市文物局）	枣阳市文物考古队	
20	韩冲墓群	枣阳市七方镇秦庄村韩冲自然村	荆州博物馆	襄阳市文化新闻出版局（襄阳市文物局）	枣阳市文物考古队	
21	小孙庄遗址	枣阳市环城办事处孙庄村小孙庄自然村	北京联合大学	襄阳市文化新闻出版局（襄阳市文物局）	枣阳市文物考古队	并项。将原文庄遗址、杨坡遗址、钟岗墓地并入
22	白毛庄遗址	枣阳市兴隆镇优良村白毛庄自然村	武汉市文物考古研究所	襄阳市文化新闻出版局（襄阳市文物局）	枣阳市文物考古队	
23	水寨子遗址	枣阳市兴隆镇杨楼社区二组水寨子湾	武汉市文物考古研究所	襄阳市文化新闻出版局（襄阳市文物局）	枣阳市文物考古队	
24	河南墓地	枣阳市兴隆镇兴隆村六组	武汉市文物考古研究所	襄阳市文化新闻出版局（襄阳市文物局）	枣阳市文物考古队	
25	小王家湾墓地	枣阳市兴隆镇刘湾村小王家湾北	武汉市文物考古研究所	襄阳市文化新闻出版局（襄阳市文物局）	枣阳市文物考古队	
26	狮子湾遗址	随县万福店镇黑龙口村二组	河北省文物考古研究所	随州市文广新局（随州市文物局）	随县考古队	
27	黄土湾墓群	随县万福店镇黑龙口村二组	河北省文物考古研究所	随州市文广新局（随州市文物局）	随县考古队	
28	鲁城河墓群	随县唐县镇鲁城河村卧云寨自然村和竹园自然村	襄阳市文物考古研究所	随州市文广新局（随州市文物局）	随县考古队	并项更名：将原戴家河沟墓群、李家湾墓群、卧云寨墓群、竹园墓群合并后更名
29	田坡湾墓群	随县万吴山镇群玉村三组田坡湾东南	河北省文物考古研究所	随州市文广新局（随州市文物局）	随县考古队	
30	张家湾墓群	曾都区万店镇新中村七组张家湾北	咸宁市博物馆	随州市文广新局（随州市文物局）	曾都区文物局	
31	杨家河墓群	曾都区万店镇新中村七组张杨家河湾中	咸宁市博物馆	随州市文广新局（随州市文物局）	曾都区文物局	
32	机杨村遗址	广水市蔡河镇灯岗村和机场村	河北省文物考古研究所	随州市文广新局（随州市文物局）	广水市文体局	
33	大汪家湾墓地	广水市余店镇双河村	恩施州博物馆	随州市文广新局（随州市文物局）	广水市文体局	原编号新3

附表五　鄂北地区水资源配置工程文物保护项目考古发掘成果信息一览表

序号	名称	地点	承担单位	合同发掘面积/平方米	布方面积/平方米	实际发掘面积/平方米	发掘深度/米	文化层	
1	纪洪北岗墓群	老河口市袁冲乡纪洪自然村东	四川大学	300+160		675	0～2.4	2层，均为近现代地层	
2	杨庄遗址	老河口市袁冲乡杜家庄村杨庄自然村西南80米	四川大学	300	10米×10米探方3个	300	0.65～2.08	6层，包括是元末明初、明晚期、明末清初时期文化层	
3	吴家桥西墓地	老河口市袁冲乡吴家桥村吴家桥自然村中西部	十堰市博物馆	50+200		512	0～1.14	2层，分别为现代耕土层、汉至唐宋扰乱层	
4	长尺地遗址	老河口市孟楼镇小黄营村小黄营自然村东北	郑州大学	1000	10米×10米探方10个	1000	0～0.5	2层，分别为现代耕土层、明清时期文化层	
5	南大堰遗址	老河口市孟楼镇小黄营村小黄营自然村东南	郑州大学	1000	工程区西南部10米×10米探方9个，渡槽南侧10米×10米探方2个	1100	0～1.8	4层，分别为耕土层、明清时期文化层、战国中晚期文化层、次生土	
6	上河遗址	老河口市孟楼镇曹家坡村任家营自然村南	中国人民大学	600	5米×5米探方18个，10米×10米探方2个	650	0～0.85	3层，分别为现代耕土层、近现代文化层、新石器时代文化层	
7	熊河老营子遗址	老河口市孟楼镇熊河村熊河老营子自然村西南	宜昌博物馆	300	10米×10米探方4个	400	0～2	7层，第1～3层为近现代耕土层或堆积层，第4～6层为明清时期文化层，第7层为东周时期文化层	
8	小王堰遗址	老河口市薛集镇小王堰村小王堰自然村北	黄石市博物馆	300	5米×5米探方2个，5米×10米探方7个	309	0～0.9	5层，第1、2层为现代耕土层和扰乱层，第3层为东周至唐宋时期文化层，第4、5层为东周时期文化层	
9	墓子地遗址	老河口市薛集镇曾家岗村张洼自然村东北	中国人民大学	1000	5米×5米探方40个	1000	0～0.9	4层，包括春秋早期、东汉文化层	

墓葬	其他遗迹	重要遗物	年代	价值评估	遗址面积/平方米	保护级别	备注
带斜坡墓道砖室墓9座		成组的陶日用器、明器、带铭文墓砖、银饰、铜镜、铜环、鎏金铜饰、五铢钱等百余件	东汉	价值大	80000	老河口市文物保护单位	湖北省文物局追加160平方米
	房基2座、灶2处、灰坑17座、灰沟17条	石板、瓷器、砖瓦、银饰、铁器、铜钱等。瓷器有汝窑、龙泉窑、磁州窑、景德镇窑等的产品	元、明、清	价值大	70000		
正方形土坑砖室墓1座	围墓沟1条、建筑遗迹1处、疑似排水沟1条	汉代陶器、砖瓦，明清瓷片等155件	汉、明清	价值大	8800	老河口市文物保护单位	并项小刘岗遗址50平方米、杜家庄遗址100平方米，同时增加50平方米
	灰坑44座、灰沟3条	陶器、石器等	石家河文化二期	价值大	750000	老河口市文物保护单位	
长方形土坑竖穴墓2座	灰坑71座、灰沟15条、房基4座、灶1处、井1口	常见日用陶器，另有砖瓦等建筑材料、少量陶质生产工具。石器有斧、铲、凿等生产工具，铁器有臿等，有少量玉器	战国中晚、宋、明清	价值大	62500	老河口市文物保护单位	
土坑竖穴墓1座	灰坑27个、灰沟9条、井1口	陶器、铁器、石器、瓷器、铜钱等	新石器、东周、汉、明清	价值大	15000		
	窑址2座、灰沟1条、灰坑12座	红褐及黑陶片、青花瓷片、青釉瓷器	东周、明清	价值中	5000		
	灰坑12座、灰沟3条	陶鬲、陶盂、陶豆、石凿以及瓷碗、瓷罐、瓷壶等残片	东周、汉、唐宋	价值中	30000		
	灰坑39座、井1口	瓦、砖碎块等建筑构件，鬲、釜、豆等陶器残片及少量磨制石器、铜箭头	春秋至东汉时期	价值中			

序号	名称	地点	承担单位	合同发掘面积/平方米	布方面积/平方米	实际发掘面积/平方米	发掘深度/米	文化层	
10	上寨遗址	老河口市薛集镇上寨村上寨自然村西400米	南京大学、河南大学	1000	10米×10米探方10个，扩方25平方米	1025		3层，分别为现代耕土层、明清时期文化层、东周时期文化层	
11	九姓庄墓群	襄州区石桥镇张营村九姓庄自然村北	武汉大学	300	10米×10米探方3个，另扩方面积26平方米	326	0.1~0.7	2层，分别为现代耕土层、明清时期文化层	
12	河里杜家墓地	襄州区石桥镇前常村五组河里杜家自然村东北	孝感市博物馆	200	5米×5米探方22个	300	0~0.4	1层，为现代耕土层	
13	斜子地墓地	襄州区黄集镇大王村七组大王自然村南鱼塘	随州市博物馆	100	10米×10米探方1个，3米×10米探沟1条	115	0.15~1.1	4层，分别为现代耕土层、明清时期文化层、宋代文化层、秦汉时期文化层	
14	赵马岗遗址	襄州区黄集镇大王村一组赵马岗自然村东边	随州市博物馆	100	5米×5米探方6个	100	0.15~0.5	2层，分别为耕土层、明清时期文化层	
15	杨岗墓地	襄州区黄集镇王庄村三组杨岗湾南	厦门大学	150	5米×5米探方2个，10米×10米探方1个	150	0.15~0.55	2层，分别为现代耕土层、扰土层	
16	车屋程家墓地	襄州区古驿镇宋湾村一组车屋程家湾，白河西	厦门大学	500	10米×10米探方24个	500	0~0.7	2层，均为现代表土层	
17	宋湾遗址	襄州区古驿镇宋湾村	襄阳市文物考古研究所	400	10米×10米探方10个	600	0~0.8	2层	
18	余沟墓群	襄州区古驿镇余沟村	荆州博物馆		10米×10米探方21个	2100	0~0.4	1层，为现代耕土层	
19	李沟遗址	枣阳市七方镇秦庄村李沟自然村	荆州博物馆	80	10米×10米探方1个	97	0~1.4	2层，均为近现代扰土层	

续表

墓葬	其他遗迹	重要遗物	年代	价值评估	遗址面积/平方米	保护级别	备注
	灰沟5条、灰坑60座、路面1处、墙基8处、柱洞136个、红烧面2处、井1口、窖穴1处、灶2处	石斧等石器，陶豆、陶盆、陶罐等陶器，铜镞等铜器，铁臿等铁器	东周	价值大		老河口市文物保护单位	
带斜坡墓道圆形砖室墓3座、圆形砖室墓1座、长方形砖室墓1座、六边形砖室墓1座	路1条、灰沟1条、灰坑14座	宋代白瓷碗、"康熙通宝"、明清时期陶罐	宋、明清	价值中	250000		
隋唐墓葬14座、明清时期墓葬1座	壕沟1条、灰坑27座、窑址6座	新石器时代早期陶器、隋五铢钱、宋代瓷碗	新石器、汉、隋唐、宋、明清	价值大	6000		湖北省文物局追加100平方米
晚清土坑墓2座		"光绪通宝"7枚、铁箍1件、铜顶针1件	秦汉、宋、晚清	价值小			
	灰沟1条	板瓦、筒瓦等建筑材料，另可见陶盆、瓮、罐、残片	东汉、宋、明清	价值小	30000		
清代墓葬11座		"康熙通宝"，陶罐、耳饰等	清	价值小	357		与太山庙遗址并项，发掘杨岗墓地，实际发掘面积150平方米
东汉砖室墓18座	灰坑2座	成组的铜器、铁器、陶器等	汉	价值大	15000		
东汉至六朝时期砖室墓5座	灰沟1条、灰坑15座、井2口	"五铢"铜钱、陶器	两周、东汉至六朝	价值大	3000		
东汉竖穴土坑墓14座		陶器、五铢、大泉五十及货泉等	东汉	价值大	2500		
宋代砖室墓1座	明代灰坑1座	褐陶罐（残）1件、"熙宁元宝"等2枚、绿松石铜戒1个	宋、明	价值小			

序号	名称	地点	承担单位	合同发掘面积/平方米	布方面积/平方米	实际发掘面积/平方米	发掘深度/米	文化层	
20	韩冲墓群	枣阳市七方镇秦庄村韩冲自然村	荆州博物馆	300	10米×10米探方4个	365.5	0.05~1.2	3层，第1层为现代耕土层，第2层为明清时期文化层，第3层为宋代文化层	
21	小孙庄遗址	枣阳市环城办事处孙庄村小孙庄自然村	北京联合大学	50+400	10米×10米探方5个	900	0.38~1.85	第2层下发现有新石器、东汉、明清时期文化堆积	
22	白毛庄遗址	枣阳市兴隆镇优良村白毛庄自然村	武汉市文物考古研究所	100	5米×5米探方4个	100	0.5~1.7	7层，第1、2层为现代层，第3层为明清时期文化层，第4层为东周时期文化层，第5~7层为新石器时代文化层	
23	水寨子遗址	枣阳市兴隆镇杨楼社区二组水寨子湾	武汉市文物考古研究所	100	5米×5米探方4个	100	0.6~1.2	4层，第1层为现代耕土层，第2、3层为明清时期文化层，第4层为宋代文化层	
24	河南墓地	枣阳市兴隆镇兴隆村六组	武汉市文物考古研究所	100	10米×10米探方5个	500	0.4~3	包含战国时期、宋代、清代文化层	
25	小王家湾墓地	枣阳市兴隆镇刘湾村小王家湾北	武汉市文物考古研究所	50	5米×5米探方2个	84.25	0.2~0.9	2层，均为近现代地层	
26	狮子湾遗址	随县万福店镇黑龙口村二组	湖北省文物考古研究所	500	20米×2米探沟1条、10米×10米探方5个	550	0.25~2	1层，为现代耕土层	
27	黄土湾墓群	随县万福店镇黑龙口村二组黄土湾自然村	湖北省文物考古研究所	100	10米×10米探方1个	100	0.3~2.5	1层，为现代耕土层	
28	鲁城河墓群	随县唐县镇鲁城河村卧云寨自然村和竹园自然村	襄阳市文物考古研究所	500	5米×5米探方8个、10米×10米探方4个	600		2层，上层为现代耕土层，下层为纯净黄砂土层	

续表

墓葬	其他遗迹	重要遗物	年代	价值评估	遗址面积/平方米	保护级别	备注
宋代砖室墓1座、明清时期墓葬21座		近40件陶瓷器，"皇宋通宝""元符通宝""崇宁重宝"等6枚铜钱	宋、明清	价值大	10000		
东汉墓葬2座、明清时期墓葬10座	灰坑、灰沟等5处	打制石器12件、陶瓷器2件、铜钱102枚、金器3件、石贝装饰品1件	新石器、东汉、明清	价值大	450		并项并增加发掘面积
	灰坑16座、灰沟2条	石器3件、陶器12件、铜钱2枚	新石器、东周、明清	价值大	15000		
瓮棺墓1座	灰沟1条	"乾隆通宝"1枚、"道光通宝"1枚、陶瓮1件、瓷碗1件	宋、明清	价值小	600		
战国墓葬1座、宋代墓葬2座、清代墓葬7座		陶质瓦枕13件、铜钱9枚、买地券4件、陶器22件、瓷碗2件、铁质盏1件	战国、宋、清	价值大			
明清时期墓葬5座		陶罐3件、青瓷碗5件、铁灯3件、铜钱18枚、铁棺钉4枚、陶买地券3件	明清	价值中	6000		
1座	灰沟3条、灰坑26座、井1口	以泥质红陶、灰陶为主，少量夹砂红陶，可辨器形有鬲、罐、豆、鼎、罐、擂钵等	新石器、东周、汉、明清	价值大	35000		
砖室墓1座		釉陶罐1件、宋代铜钱7枚	宋元	价值小	130		
砖室墓9座、土坑墓5座	灰坑5座、灰沟1条	硬陶罐、陶盆、陶灶、陶仓、陶井、铜镜、铜扣、铜钱等50余件	汉、清	价值大			

序号	名称	地点	承担单位	合同发掘面积/平方米	布方面积/平方米	实际发掘面积/平方米	发掘深度/米	文化层	
29	田坡湾墓群	随县吴山镇群玉村三组田坡湾东南	湖北省文物考古研究所	1000	10米×10米探方21个	1100	0~1.1	1层，为表土层	
30	张家湾墓群	曾都区万店镇新中村七组张家湾村	咸宁市博物馆	100	10米×10米探方2个	100	0.45~1.3	5层，包括近现代、清代、宋代、汉魏时期文化层	
31	杨家河墓群	曾都区万店镇新中村七组张杨家河湾中	咸宁市博物馆	300	10米×10米探方5个	430	0.08~1.4	4层，包括现代、清代、东周时期文化层	
32	机杨村遗址	广水市蔡河镇灯岗村和机场村	湖北省文物考古研究所	1000	10米×10米探方7个	700	0.35~0.57	2层，第1层为耕土层，第2层为近现代扰乱层	
33	大汪家湾墓地	广水市余店镇双河村十组	恩施州博物馆	260+200	10米×10米探方5个	460	0~1.2	2层，均近现代文化层	
备注	1. 合同发掘面积栏：加号前的数字是原合同面积的数字；其后的数字是调项、并项或者追加面积的数字；2. 遗迹和重要遗物栏：有特别重要的发现可以举例详细说明；3. 价值评估栏：根据遗址面积大小、文化层的厚薄程度、遗迹和遗物的多少、年代的早晚以及保存状况的好坏大致把他们分为价值大、中、小三个等级								

墓葬	其他遗迹	重要遗物	年代	价值评估	遗址面积/平方米	保护级别	备注
砖室墓11座、土坑墓1座		带盖陶鼎1件、彩陶耳杯1件、陶钵1件、陶盆1件、陶磨盖1件、陶碓1套、带盖陶仓1套、陶灶1件、陶甑盖1件、陶井1件、陶罐1件、陶奁1件、陶猪1件、陶鸡2件、陶狗2件、铜镜1件、五铢钱1串及明清时期瓷碗和陶罐随葬组合	东汉末至三国、明清	价值大			
不规则长方形土坑竖穴砖室墓2座、长方形竖穴土坑墓1座	灰坑1座、近现代房基1座	陶盆1件、陶壶1件，陶罐1件、青花瓷碗4件、瓦2块，若干陶、瓷片	汉魏、宋、明清	价值大			
砖室墓10座、土坑墓3座、砖石混合墓1座、石板墓1座	房基1座、灰坑1座、长方形坑1座	青瓷碗、青瓷盘口壶、青花瓷碗、青瓷四系罐、陶碗、陶罐、铜钱、铜饰、铜钗、铜钏、铜钱、铁匕、漆盒等	东周、汉魏六朝、明清	价值大			
近现代墓葬3座、竖穴土坑木椁墓11座	近现代扰沟3条、近现代扰坑4个、近代柱洞16个、新石器时期灰坑6座、东周时期灰坑2座	陶鼎、陶鬲、陶釜、陶罐、陶豆、陶盘、陶瓮、陶杯、陶鬶、陶碗、刻槽陶盆、陶杯、陶斗、陶敦、陶壶、陶盂、陶纺轮、陶刀、陶塑、石斧、石锛、石刀、石镰、砺石	新石器、东周	价值大	20000		
52座		金器、银器、玛瑙器、琉璃器、铜器、铁器、瓷器、陶器等共154件（套）	东汉、南北朝、隋	价值巨大			

后　记

　　此次鄂北地区水资源配置工程文物保护工作是在湖北省文物局的坚强领导、组织和实施下，在省内外18家文博考古单位以及襄阳市、随州市等地各级人民政府的大力协调、协作下完成的；湖北荆楚文物保护工程监理有限公司为项目的实施进行了全程高效监理；鄂北水资源建设部门为考古发掘工作的开展和实施提供宝贵的经费支持。以上单位、领导、专家和同行都为考古发掘工作的顺利完成付出了艰苦的、卓有成效的劳动。我们在此一并致以崇高的敬意和衷心的感谢！

　　本报告编者水平有限，不足之处在所难免，敬请各位领导和专家批评指正。

编　者

2017年5月